디아스포라 휴머니티즈 총서 003

디아스포라 이즈is

케빈 케니 지음 | 최영석 옮김

앨피

차례

1장 디아스포라란 무엇인가?
What is diaspora?

2장 이주
Migration

3장 관계
Connections

디아스포라 이즈is

일러두기

옮긴이 주 ‖ 옮긴이 주는 고딕체로 표기했다.

원어 표기 ‖ 인명이나 지명은 국립국어원의 외래어 표기용례를 따랐다. 단, 널리 알려진 이름이나 표기가 굳어진 명칭은 그대로 사용했다. 본문에서 주요 인물(생물연대)이나 도서, 영화 등의 원어명은 맨 처음, 주요하게 언급될 때 병기했다.

도서명 및 곡명 표기 ‖ 본문에 나오는 도서 제목은 원 제목을 번역 표기하는 것을 원칙으로 하되, 국내에 번역 출간된 도서는 그 제목을 따랐다. 영어 등 외국어로 된 악곡명은 번역하지 않고 원어명 발음을 그대로 표기했다.

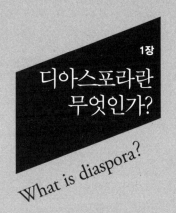

1장

디아스포라란
무엇인가?

What is diaspora?

디아스포라가 어디에서 나왔고, 시대에 따라 어떻게 변화했으며, 왜 최근에 극적으로 사용 범위가 넓어졌는지, 특정한 정치적·문화적 표현을 어떻게 가능하게 하는지, 그리고 인간 이주의 본질을 어떤 식으로 모호하게 하거나 명확하게 드러내는지…

'디아스포라diaspora'는 흔한 말이다. 학술, 언론, 정치 분야뿐 아니라 일상에서도 자주 입에 오르내린다. 그렇지만 디아스포라가 무슨 뜻일까? 최근까지도 이 말은 유대인들의 추방과 이산離散을 가리키는 특수하고 제한된 용어였다. 20세기 들어 디아스포라의 의미는 아르메니아인이나 아프리카인들이 겪은 강제이주로까지 확장되었다. 1980년대 무렵부터는 모든 종류의 이주를 뜻하게 되면서 그 외연이 급격히 넓어졌다. 그러나 디아스포라가 '이주'와 같은 뜻이라면 이 말이 왜 필요한가? 이 용어가 쓰이는 이유를 어떻게 설명할 수 있을까?

디아스포라를 너무 엄격하게 정의해도 문제지만, 한정짓지 않아도 문제가 발생한다. 측정 가능한 사회적 실체로 받아들이기보다는 이주가 만들어 낸 세계를 설명하는 데 도움을 주는 개념으로 보는 편이 적절하다. 디아스포라는 분명 우리 세계를 깊이 있게 통찰하도록 도와주는 개념이지만, 무엇을 위해서 어떻게 사용하느냐에 따라 심각한 왜곡을 낳기도 한다. 이 책에서는 디아스포라가 어디에서 나왔고, 시대에 따라 어떻게 변화했으며, 왜 최근에 극적으로 사용 범위가 넓어졌는지, 특정한 정치적·문화적 표현을 어떻게 가능하게 하는지, 그리고 인간 이주의 본질을 어떤 식으로 모호하게 하거나 명확하게 드러내는지를 따져 볼 것이다.

기원

그리스어 명사 diasporá는 동사 diaspeirein에서 유래했는데, diaspeirein은 '～를 넘어, ～를 지나'라는 뜻의 dia와 '흩뿌리다'를 의미하는 speirein의 합성어다. speirein의 어원은 인도게르만어의 공통 조상어祖語(proto-indo-European)인 spr이며, 오늘날에도 'spore'(포자, 홀씨), 'sperm'(정자), 'spread'(펼치다, 퍼지다), 'disperse'(흩어지다) 등의 영어 단어에서 찾아볼 수 있다. 다양한 용례가 있지만 디아스포라는 언제나 '흩뿌리다, 흩어지다'라는 뜻과 관련이 있다.

고대 그리스인들은 디아스포라가 주로 파괴 과정을 의미한다고 본 듯하다. 에피쿠로스는 물질의 분해와 더 작은 부분으로의 해체를 가리켜 디아스포라라고 했다. 인간 사회도 디아스포라의 파괴력에 노출되면 역시 산산이 흩어졌다. 투키디데스는《펠로폰네소스 전쟁사》의 한 대목(2:27)에서 아테네가 아이기나를 멸망시키고 주민들을 쫓아낸 사건을 기술할 때 디아스포라를 같은 의미로 사용했다. 그리스 식민 도시들은 모국과 서로 이득이 되는 관계를 긴밀하게 유지했지만, 디아스포라의 희생자들은 외따로 떨어져 나갔다. 고대 그리스에서 디아스포라는 어떤 장소나 집단, 온건한 인구 분산 형태라기보다는 파괴의 과정을 가리켰다. 종교적이지는 않으나 분명히 부정적인 의미를 지니고 있었고, 이 때문에 자발적인 인구 이동과는 확연하게 달랐다.

유대인의 역사야말로 우리에게 가장 익숙한 디아스포라의 형식을 보여 준다. 초기 유대 역사는 구약성경과 몇몇 고고학적 증거로 추적해 볼 수 있다. 이주, 추방, 망향望鄕은 고대 유대 역사 이야기의 주된 특징이다. 성경을 역사로 볼 수 있느냐의 문제는 여기에서 중요하지 않다. 유대인들이 스스로 상정하는 역사, 지금도 유대 정체성의 중핵을 이루는 역사가 디아스포라 개념의 기초를 이루는 발단이 된다는 사실이 핵심이다. 유대 디아스포라에 관한 설명들은 대개 기원전 586년의 바빌론 유수에서 시작된다. 하지만 구약성경에 따르면, 유대인들은 이 사건 이전에도 수세기 동안 이주를 거듭했다.

〈창세기〉와 〈출애굽기〉에는 고대 유대인들의 이주 이야기가 담겨 있다. 유대인들은 아브라함의 후손이다. 아브라함은 자신을 따르는 사람들을 데리고 바빌로니아(현재의 이라크 지역)에서 가나안으로 옮겨 갔다. 이들은 가나안을 에레츠 이스라엘Eretz Israel, 즉 '이스라엘의 땅'이라고 불렀다. 기근이 닥치자 아브라함의 후손들은 이집트로 피했는데, 동족이자 파라오의 고문인 요셉이 이들을 맞아들인다. 세월이 흐르면서 유대인들의 지위가 점차 하락하자, 신에게 유대인들을 노예 상태에서 구출하라는 명령을 받은 모세는 무리를 이끌고 가나안으로 갔다. 비록 모세는 약속의 땅에 닿기 직전에 죽지만, 구약성경에 의하면 그를 따르던 이들이 가나안에 들어가 예루살렘을 수도로 하는 이스라엘을 건국하였다. 유대역사의 첫머리는 이주, 고난, 그리고 귀환이라는 익숙한 순환을 담고 있다. 어떤 이들은 추방 서사의 연원을 아담과 이브의 낙원 추방으로까지 거슬러 올라가 찾기도 한다.

다윗과 솔로몬의 치세에 절정을 맞이한 이스라엘 왕국은 이후 북쪽의 이스라엘과 남쪽의 유다라는 두 왕국으로 쪼개졌다. 기원전 8세기 북왕국을 침공한 아시리아는 수도인 사마리아를 함락시키고 지배층을 비롯한 상당수를 내쫓는다. 바빌로니아의 느부갓네살 2세는 기원전 586년에 유다를 정복하고 예루살렘 성전聖殿

로마의 티투스 개선문에는 서기 70년의 두 번째 성전 파괴 때 로마인들이 약탈한 메노라menorah(7개나 9개의 가지가 달린 유대교 촛대)가 새겨져 있다.

을 파괴했으며 지도층들을 포로 삼아 바빌론으로 데려갔다. 성전 파괴 직전부터 이후에 해당하는 격변과 추방의 위기를 맞아 유대 지도자들은 처음으로 자신들의 역사, 율법, 교리를 체계적으로 정리하기 시작했다. 기원전 539년 페르시아가 바빌로니아를 멸망시키자, 많은 유대인들이 유다로 돌아왔다. 그러나 오늘날에도 로마에 남아 있는 티투스의 개선문에 기록되어 있듯이, 그 다음에 지은 두 번째 성전 역시 로마가 예루살렘을 정복한 서기 70년에 무너져 내렸다. 135년 유대인의 마지막 봉기가 진압된 후 하드리아누스 황제는 예루살렘을 파괴한다. 1948년 이스라엘이 건국될 때까지 유대인들은 독립국가를 이룰 수 없었다.

70인역 성경(기원전 250)의 유대인 번역자들은 유대 역사를 서술하기 위해 그리스어 diaspeirein과 diasporá를 적극적으로 사용했다. 알렉산드리아의 유대인 학자들은 〈창세기〉, 〈출애굽기〉, 〈레위기〉, 〈민수기〉, 〈신명기〉 등 이후 기독교도들이 '모세 5경'이라고 부르게 될 경전들을 그리스어로 번역했다. 이 다섯 경전은 유대 성경의 제일 앞머리에 자리한다. 유대인들이 신의 분노로 흩어질 때 겪은 영적인 비통과 파멸 상태를 서술하는 대목에서 동사 diaspeirein은 마흔 번 이상, 명사 diasporá는 열두 번 이상 등장한다. 이 말들은 '참혹', '곤경', '전율의 대상' 등을 의미하는 히브리어 za-avah를 옮긴 것이다. "여호와께서 네 적군 앞에서 너를 패하게 하시리니 네가 그들을 치러 한 길로 나가서 그들 앞에서 일곱 길로 도망할 것이며 네가 또 땅의 모든 나라 중에 흩어지고"(신명 기 28:25, 개역개정). 〈신新옥스포드영어소사전〉은 이 구절을 인용하 며 디아스포라를 이렇게 정의한다. "비非유대 민족들 사이로 유 대인들이 흩어짐. 성서의 이스라엘 지역 바깥에 살았던 모든 유 대인."

70인역 성경은 galut와 diaspora를 구분했다. 밀접한 관계가 있 는 두 단어는 이후 유대 역사에서 하나로 합쳐진다. 추방을 뜻하 는 히브리어 galut(혹은 golus)는 처음에 바빌론 유수 체험을 의미했 다. 비슷하지만 다른 단어인 gola 혹은 golah는 살던 곳에서 쫓겨 난 민족 집단이 거주하는 실제 지리적 장소, 원래는 바빌론을 가 리키는 좀 더 중립적인 의미다. 70인역 성경은 비관적인 의미가 강한 galut를 그리스어로 번역하면서 이주부터 추방까지를 포괄 하는 여러 단어들로 옮겼다. 가장 많이 사용한 번역어는 apoikia ㅣ 본국에서 멀리 떨어진 그리스 식민 도시ㅣ이다. 그러나 디아스포라는 바빌론 유 수를 비롯한 실제 역사 사건이 아니라, 추방이나 za-avah의 영적 인 차원을 다룰 때 쓰였다. 시간이 지나면서 galut과 diaspora는 추 방, 고난, 다가올 구원으로서의 디아스포라라는 하나의 개념으로 합쳐진다. 다만, galut는 비관적인 의미로, gola는 긍정적인 면도 있는 의미로 굳어졌다.

이런 의미에서의 디아스포라는 사실 신학적 개념이다. 유대인들은 신의 율법에 복종하지 않는 죄를 저질렀고 그 벌로 추방과 고통을 겪어야 했으니, 유일한 희망은 회개였다. 회개의 표식은 율법에 대한 복종이고, 언젠가 받을 보상이란 신이 이스라엘 땅을 돌려주는 것이다. 특정한 구원론에 기대고 있기 때문에 디아스포라 개념은 신학의 한 분야인 종말론에 속한다. 종말론은 아직 펼쳐지지 않은 역사가 펼쳐지는 것, 인류의 궁극적인 운명에 관한 것이며, 영적인 차원만이 아니라 지리적인 차원의 것이기도 하다. 따라서 유대인의 디아스포라 개념은 쫓겨났다고 애통해하는 상태에 머무르지 않고 미래를 향한 궁극적인 구원을 상정한다. 이 개념은 다른 모든 디아스포라 논의에 결정적인 영향을 끼쳤다. 수백 년, 수천 년이 지나 전 세계에 흩어진 수많은 여러 민족들이 그들이 겪고 있는 고난을 설명하려고 디아스포라 개념에 의지했을 때, 그들은 자신들의 목표에 맞추어 유대인들의 본보기를 받아들였던 것이다.

하지만 이 특수한 신학 개념을 다른 시기, 다른 장소의 다른 집단에게도 적용하려는 시도는 신중해야만 한다. 디아스포라는 인류의 고난, 구원, 역사의 방향에 관한 특정한 주장들을 품고 있다. 그러니 적어도 그 근원에서만큼은 문화적으로 보편적이지 않고 특수하다. 유대의 사례를 동아시아나 남아시아 역사에 바로 적용하면 지나친 단순화를 불러올지도 모른다. 연대기적 역사관도 마찬가지다. 순수주의를 고집하는 사람은, 여러 시대에 걸쳐서 디아스포라라는 단 하나의 틀만을 적용하려는 시도가 시대착오일 수밖에 없다는 사실을 잘 받아들이지 못할 것이다. 예를 들어 요즘에는 오랜 과거의 역사로 거슬러 올라가면 누가 봐도 부적절할 민족주의, 인종 혹은 정체성의 정치를 내세우기 위해 '디아스포라'라는 단어를 사용하는 사람들도 있다. 그렇지만 서로 너무나 다른 시대와 장소에 살았던 이주자들과 그 후손들이 변하지 않는 동일한 생각을 하리라고 보는 역사가는 없을 것이다. 그리고 그들이 자신들의 경험을 추방, 연결, 귀환의 틀로 이해하려 한다 해도 굳이 이 말을 사용할 필요는 없을 것이다.

따라서 이주 현상을 이해하려고 디아스포라를 활용한다고 해서 유대의 원형이 지닌 신학적 제한에 갇힐 필요는 없다. 그래야 한다면 오늘날 대부분의 사람들이 이 용어를 쓸 수 없게 될 것이다. 오랜 역사에 걸쳐 다양한 여러 이주자들이 강제이주를 경험했고, 해외 친족들과 관계를 유지했으며, 고향에 돌아갈 날을 꿈꾸었다. 이주민들의 경험을 설명하려고 애쓰는 연구자들은 '디아스포라'에서 역사와 문화의 넓은 영역을 다룰 수 있는 분석적 틀을 발견한다. 그런데 문제는, 디아스포라의 의미가 너무 넓게 확장되면 이개념이 금방 일관성을 잃게 된다는 사실이다.

의미의
확장

아르메니아인 디아스포라는 유대인 다음으로 유명한 사례다. 페르시아, 그리스, 고대 로마제국, 중세의 동로마제국, 근대의 오스만제국과 러시아제국 등 강력한 국가들의 관문에 위치한 아르메니아의 전략적 중요성은 역사적 불행이기도 했다. 현대의 터키, 조지아, 아제르바이잔, 이란 등이 차지하고 있는 흑해와 카스피 해 사이, 유라시아 대륙의 교차로에 자리 잡았기 때문에 아르메니아는 제 영토를 온전하게 유지하기가 어려웠다. 지리적 위치와 강대국들의 힘에 좌우된 아일랜드, 쿠르드족, 시크교도 등의 역사도 비슷한 특징을 보인다.

계속된 침략과 점령 때문에 아르메니아인들은 강제로, 때로는 자발적으로 고국을 떠났다. 5세기에는 발칸 반도 여러 곳에 아르메니아인들의 도시가 있었다. 7세기에는 많은 아르메니아인들이 동로마제국으로 쫓겨나거나 이주해 왔다. 그들은 이후 수세기 동안 무역을 하면서 번성했고 제국의 정계에도 활발하게 참여하였다. 10세기에 이르러 아르메니아인들은 베니스, 파리, 런던 등 유럽 여러 도시에 모습을 드러냈다. 11세기에는 동유럽 여러 곳에, 13세기에는 팔레스타인과 이집트에, 17세기에는 페르시아에 아르메니아 이주민들의 정착지가 생겼다. 20세기 들어 많은 아르메니아인들이 미국으로 이민을 떠났다. 현재 전 세계의 아르메니아계 인구는 7백만 명 정도이며, 이 중 3백만 명은 아르메니아 본토에, 150만 명은 미국에 살고 있다.

아르메니아인들은 유례없이 다양한 곳으로 이주했지만, 여타 이주민 집단들도 비슷했다. 그렇다면 이 경우 디아스포라라고 말할 수 있는 특별한 요소는 무엇일까? 아르메니아인들은 대규모로 끊임없이 이주한 데다 키킬리아(현재 터키의 남부 해안 지방)가 멸망한 1375년부터 현재의 아르메니아공화국이 성립된 1991년까지 독립국가도 이루지 못했다. 1921년에서 1991년까지 존속한 아르메니아 소비에트 사회주의 공화국이 아르메니아인들의 국가라고 자칭했지만, 이곳에 자발적으로 거주한 아르메니아인은 소수였으며 대부분의 아르메니아 사람들은 이 나라의 정통성을 인정하지 않았다. 600년이 지나서야 해외 아르메니아인들은 마음속에 떠올릴 고국이 생겼지만, 그들이 돌아갈 곳은 없었다.

아르메니아 디아스포라가 천 년 이상을 거슬러 올라가기는 해도, 비극적이고 결정적인 영향을 끼친 사건들은 20세기에 벌어졌다. 1894~1896년, 그리고 다시 1901년에 오스만제국의 지배자들은 막 시작된 아르메니아 민족운동을 탄압하면서 수십만 명을 살해하였고 수만 명의 난민들이 이웃의 시리아나 미국으로 떠나도록 만들었다. 아르메니아 소수민족 탄압은 1915~16년에 더 심

1991년 구소련 연방공화국에서 독립한 아르메니아공화국 위치

해져서, 2백만 명의 인구 중 150만 명이 학살당했다. 살아남은 대부분의 아르메니아인들은 얼마 가지 못한 아르메니아 민주공화국(1918~1920), 이집트, 이란, 프랑스, 아르헨티나나 미국으로 달아나야 했다.

아르메니아 대학살은 홀로코스트와의 관련성을 생각할 때 더 비극적인 중요성을 띠게 된다. 디아스포라 개념은 대부분 유대인들의 사례에서 유래한다. 1940년대의 유대인 학살은 혼란·추방·수난의 서사에 새로이 끔찍한 차원을 더했다. 아르메니아인들이 전형적인 디아스포라로 간주되는 까닭은, 세계 전역으로 흩어졌고 역사의 대부분에 걸쳐 국가를 갖지 못했다는 단순한 이유에 있지 않다. 유대인들처럼 20세기에 인종청소를 당했기 때문이다. 현대의 아르메니아인 디아스포라를 규정짓는 대학살로 인해 아르메니아 이주의 역사는 완전히 새로운 국면에 진입한다.

유대인과 아르메니아인 다음으로 널리 알려진 디아스포라는 아프리카인들이다. 여기에서 결정적인 역사적 사건은 노예제다. 아프리카 노예무역의 거대한 규모와 그로 인해 아프리카인들이 겪어야 했던 고통은 그야말로 충격적이다. 16세기에서 19세기 사이, 어림잡아 1,100만 명에 달하는 아프리카인들이 아메리카 대륙으로 향하는 배에 실려 대서양을 건넜다. 대서양 주변 세계의 노예와 그 후손들은 아프리카인 디아스포라 사상을 발전시키면서 추방, 고난, 귀환, 신에게 선택받은 민족이라는 유대인들의 이해 방식에 많은 빚을 졌다.

〈출애굽기〉가 그 핵심 주제였다. 19세기 영가인 〈가라 모세야Go Down Moses〉는 〈출애굽기〉 7장 14~16절에 기반하고 있다. 미국 남부 농장들에서 많이 불리다가 이후 폴 롭슨이나 루이 암스트롱의 노래로 유명해진 이 영가는 이렇게 시작한다.

"이스라엘 사람들이 이집트에 있었던 옛날, 내 백성을 보내라 / 더 이상은 학대를 견디지 못하니, 내 백성을 보내라 / 가라, 모세야, / 이집트 땅을 떠나라 / 교활한 파라오에게 전하라, / 내 백성을 보내라."

유대 역사에 강렬하게 공감하는 이 가사에서 이스라엘인은 아프리카계 미국 노예들을, 이집트는 미국을, 파라오는 노예 소유주를 의미한다. 이집트 탈출 이야기가 20세기에 조라 닐 허스턴, 마틴 루터 킹 등의 아프리카계 미국인들에게 계속해서 영감을 불어넣기는 했지만, 60년대 이전엔 아프리카인들의 이주를 가리킬 때 '디아스포라'가 널리 쓰이진 않았다. 현재는 이 말이 대서양 주변 세계에서 노예화된 아프리카인들과 그 후손들을 뜻하는 표준 용어로 자리 잡았다.

80년대 이후 '디아스포라'는 학계에서든 대중 사이에서든 모든 종류의 이주를 가리키는 말로 폭넓게 받아들여졌다. 서로 연관된 역사적 국면들이 이런 변화를 이끌었다. 유럽 제국들의 몰락은 국가 경계를 넘어선 새로운 연대를 추동했고, 특히 아프리카계 주민들 사이에 연대의 움직임이 활발해졌다. 탈식민화는 아시아와 아프리카 여러 곳에서 이주민들의 이동을 촉진했다. 모국을 어쩔 수 없이 떠난 이들이 난민으로 분류되면서 국제사회의 인정과 보호를 받았고, 디아스포라 개념에 세계적인 관심이 쏠렸다. 최근 몇십 년간 국제 이주민의 수는 극적으로 증가했다. 새로운 기술의 등장이 국제적인 이동과 소통을 손쉽게 만들었다. 그리고 여러 나라들이 새로운 방법으로 해외 동포들에게 경제적·정치적 후원을 하기 시작했다.

이런 상황들은 디아스포라라는 말이 널리 퍼진 이유만이 아니라, 이렇게 다양한 방식으로 쓰이는 이유도 설명해 준다. 일간신문들은 아프가니스탄, 중국, 에리트레아, 아이티, 이란, 아일랜드, 인도, 유대, 멕시코, 러시아, 소말리아, 대만, 티베트의 디아스포라를 짧게나마 매일같이 보도한다. 디아스포라는 페이스북의 대안을 자임하는 오픈소스 소셜 네트워크 서비스 프로젝트의 이름이기도 하다. | 2010년, 페이스북이 회원정보 유출, 악성코드, 스팸 발생 문제 등으로 비판받자 보안 강화 및 프라이버시 보호를 내세우며 등장한 SNS | 디아스포라는 인문학과 사회과학, 특히 역사학, 정치학, 사회학, 국제학, 민족학, 문학비평에서 핵심 개념이 되었다. 매년 '디아스포라'를 제목에 붙인 수백 권의 책이

출판된다.

이제 디아스포라 연구 분야는 전문적인 연구소와 학술지까지
갖추고 있다. 미국 웨슬리언 대학의 시리아 태생 영문학 교수인
카치그 퇼뢰리얀Khachig Tölölyan의 부모는 시리아, 레바논, 이집
트를 거쳐 미국으로 이주한 아르메니아인이다. 퇼뢰리얀은 〈디아
스포라: 트랜스내셔널 연구 저널Diaspora: A Journal of Transnational
Studies〉의 공동 창간인으로, 이 학술지가 창간된 1991년부터 편집
주간을 맡고 있다. 프랑스의 툴루즈 드 미라이 대학의 디아스포라
연구센터는 〈디아스포라, 역사와 사회Diasporas, histoires et sociétés〉를
2005년부터 펴내고 있다. 인도 뉴델리에서 출판되는 〈디아스포라
연구Diaspora Studies〉는 인도인 이주에 초점을 맞추고, 영국에서 나
오는 〈남아시아 디아스포라South Asian Diaspora〉는 인도의 외부 이
주나 내부 이주를 다룬다. 〈아비투스: 디아스포라 저널Habitus: A
Diaspora Journal〉은 국제적인 도시 경험의 맥락에서 유대인들의 경
험을 다른 집단들의 경험과 비교한다. 그 밖에도 많은 학술지와
연구소들이 있다.

학술지 〈디아스포라〉는 출간 후 20여 년 동안 디아스포라 문제
에 관련된 온갖 집단, 주제, 소재를 다룬 글들을 출판해 왔다. 창간
과 동시에 제기한 문제는, 유대인, 아르메니아인, 아프리카인의 경
우로 한정되었던 디아스포라 개념을 일반적인 이산離散 문제와 동

일선상에서 바라보면서 이민자, 난민, 이주노동자, 망명자나 소수 민족 사회 같은 대상들까지 포함하는 더 넓은 '의미론적 영역'으로 확장하자고 촉구하는 것이었다. 〈디아스포라〉는 일본, 아일랜드, 티베트, 자메이카, 우크라이나, 아이티, 중국, 인도, 멕시코계 이주민 문제를 다루었으며, 디아스포라 개념이 의미하는 바가 무엇인지를 규명하려는 시도를 끊임없이 전개해 왔다.

　그러나 첫 문제 제기가 진행된 지 5년이 채 되지 않아, 편집진에서는 디아스포라 개념이 너무 확장되는 것을 우려하여 이를 제한하려는 대담한 시도를 했다. 한 연구자는 '디아스포라의 디아스포라'라는 글에서 이 문제를 예리하게 포착하여, 서로 너무 다른 의미들을 동시에 지니게 된 디아스포라는 그 일관성을 잃어버린다고 주장하였다. 그리스어 어원의 '분해와 해체'라는 본뜻을 상기시키며, 디아스포라 개념 자체가 산산이 흩어질 위험에 처해 있다고 본 것이다. 만약 모두가 잠재적인 디아스포라이고, 모든 이주와 모든 민족 집단이 디아스포라면, 디아스포라가 과연 분석적 가치를 갖는 개념이라고 할 수 있을까?

정의定義

　　역설적이게도, 디아스포라 논의에서 일어난 혼란의 상당 부분은 디아스포라가 무엇인지 정의하려는 바로 그 시도 때문이다. 지난 2,30년 동안 학자들은 무엇이 디아스포라이고 무엇이 아닌지를 규정하려고 애쓰면서 정신없을 정도로 너무나 다양한 유형 분류를 제시하였다. 그 때문에 유대인들의 포로 생활, 아프리카인 노예, 아르메니아인 대량 학살, 아일랜드 대기근처럼 재앙에 가까운 사건들만이 아니라 상인, 노동자, 더 나아가 식민자들의 이주까지, 꼽을 수 있는 거의 모든 형태를 포괄하게 되었다. 하나의 정의에 할 수 있는 한 많은 기준들을 담으려고 하면 앞뒤가 맞지 않게 된다. 그렇다고 해서 다른 기준들을 버리고 몇 가지만을 선택하면 불충분하고 불완전한 설명이 된다. 즉, 유형론 Typology은 임의성을 내재하고 있다. 무엇이 중요한 기준인지를 누가 결정할 수 있는가?

　　그러나 일반적인 점검 목록을 작성하듯, 주어진 기준들에 대한 충족 여부를 따져 대상을 특정 유형에 넣거나 빼는 식으로 유형론을 활용하면 또 다른 문제가 생긴다. 어떤 집단도 최근의 광범위한 유형론들이 제시하는 조건을 전부 만족시킬 수는 없다. 그렇다고 10개의 기준 중 6개만 충족해도 특정 유형에 속하는 걸로 친다면 다른 집단들과의 의미 있는 비교가 불가능해진다. 그 기준들은 서로 다른 체험에서 나온 것이기 때문이다. 예를 들어, 어떤 정의는 이주의 본질을 강조하지만 다른 정의는 해외 이주 체험의 특징에 초점을 맞추는 식이다.

이 같은 개념상의 혼란을 피해 가면서, 디아스포라가 '무엇인지' 보다는 어떤 식으로 쓰이고 어떻게 의미를 만들어 내는지를 묻는 연구 경향이 나타났다. 유형론 연구가 임의적이거나 불충분하거나 혹은 과도하게 포괄적일 위험을 안고 있는 것과 달리, 이 경향은 정체성과 문화가 새로운 형태로 구성되는 방식에 초점을 맞춘다. 단편화fragmentation, 혼종성hybridity, 이중 의식double consciousness 등은 그 새로운 형태를 포착하려고 문화 비평가들이 쓰는 용어들이다. 디아스포라는 고향과 이주 지역의 경계를 넘어 새로운 문화적 영역을 열어젖힌다. 여기에서 초점은 이주 과정 자체가 아니라, 이주자들이 해외에 형성하는 연결망, 그들이 만들어 낸 문화의 양상이다.

이 시도는 강력한 영향을 끼칠 수 있다. 특히 문학 연구나 문화적 재현 형식 연구에서 그러하다. 하지만 분명한 한계도 있다. 사람들이 느낀 바를 분명하게 표현하지 않고, 글과 이미지, 물질문화에 증거를 남기지 않는다면 이런 방식으로 디아스포라를 분석하기란 불가능하기 때문이다. 더욱이 지난 역사를 돌이켜 보면 이주자들 대부분은 궁핍했고 읽고 쓸 줄 모르는 경우가 많았다. 그들에 대해 남아 있는 문서 자료는 대부분 사회 지배층들이 남긴 기록이다. 그 증거에 기반해 파악된 사람들에게서 디아스포라의 의미를 찾으면 함정에 빠지게 된다. 유사한 예가 민족주의 연구이다.

민족주의를 연구하는 역사학자들은 민족 지도층을 자임하는 사람들의 글과 행동에만 의존해 그 국가의 모든 사람들이 강한 민족주의 감정을 가졌다고 보면 안 된다는 것을 알고 있다. 이주 문제를 연구하는 역사학자들이 비슷한 문제에 부딪히는 것은 우연이 아니다. 비록 디아스포라 논의가 정체성은 역사적으로 구성된 것이지 고정된 것이 아니라고 강조하기는 하지만, 디아스포라 연구는 특정한 방향으로 치우치면 다른 장소에서 다른 특징을 가지고 살아가는 수많은 사람들을 그들 혹은 그들의 조상이 같은 근원을 가졌다는 이유로 한데 묶어 버리는 거대한 민족사로 귀결될 가능성도 안고 있다.

때문에 혼란은 아직 끝나지 않았다. 서로 충돌하는 의미로 제각각 쓰이는 경우가 너무 많으니, 아예 이 용어를 폐기하자는 의견이 나올 수도 있다. 디아스포라는 강제이주만을 뜻하는 것이 아니라 일반적 의미의 인구 이동과 동의어가 되어 가고 있다. 또, 이주한 나라에서 살고 있는 이들의 별칭으로 쓰여서 디아스포라의 가장 단순한 정의라고 할 수 있는 '소수민족 집단'을 가리키기도 한다. 한편 형용사 '디아스포라적인diasporic'은 추방의 트라우마에서부터 정치적 동원이나 문화적 창의성에 이르기까지 서로 다른 행위와 조건들을 묘사하는 말로 다양하게 쓰인다. 물론 어느 한 개념이 다른 차원의 논의들을 포괄하면 안 될 이유는 없다. 그러나 디아스포라가 하나의 정의로 명확하게 드러날 수가 없다면, 그래서 결말이 열린 채로 남는다면 그 유용성 역시 상실할 위험이 크다. 따라서 이 같은 문제에 봉착했을 때에는 입장을 명확히 하는 것이 중요하다.

디아스포라가 설명에 적합한 도구가 되려면, 적어도 이주의 기원이나 본질, 이주자들과 그 후손들이 이주지에서 본국과 서로 접촉한 방식 등에 관한 몇 가지 조건이 필요하다. 이렇게 디아스포라에 접근한다고 해서 꼭 엄격한 유형론이 뒤따르지는 않는다. 해당 집단이 얼마나 많은 기준을 충족시켰는지에 따라 디아스포라적인 상태인지 아닌지를 판단하는 점검 목록을 만드는 것이 아니기 때문이다. 대신에 이 같은 접근 방식은 디아스포라를 내세울 때 더 깊이 있게 설명할 수 있는 영역인 이주의 역사를 조망해준다.

디아스포라를 설명의 도구로 만드는 조건들을 생각해 보자. 많은 이주민들이 기존의 관계망을 활용하여 이주하지만, 디아스포라는 일반적인 이민보다는 비자발적 이주 형태에 적용할 때 더 유용하다. 그렇지만 이주민의 대부분을 차지하는 자발적 이민자들도 그들이 형성한 관계망이 어떤 것인지에 따라 디아스포라적 행위에 가담할 수 있다. 그 관계망은, 가장 단순한 층위에서, 어떤 국가에 거주하는 이주자나 그 후손들이 본국에서 일어나는 사건들과 경제적·정치적·문화적으로 계속 관계를 이어 나갈 때 생긴다. 관계망의 형성은 고국으로의 귀환이라는 생각으로 발전될 때가 많은데, 말 그대로 귀환을 뜻하기도 하지만 대부분은 은유적인 표현에 그친다. 해외 공동체와 본국 사이가 단선적으로 연결되어 있을 때에는 디아스포라가 그다지 쓸모가 없다. 공통 기원을 갖는 여러 다양한 해외 공동체들이 통신망의 교차점을 중심으로 뻗어 나가는 네트워크나 웹처럼 서로 연결되어 있는 상황일 때, 비로소 디아스포라는 이주민들의 삶을 가장 잘 설명하는 개념이 된다. 말하자면, 디아스포라는 관계망의 성격이 단선적이기보다는 다극적일 때 훨씬 유용하다. 여기서 앞서 말한 조건이 두 개 도출된다. 이주민들은 한 곳이 아니라 여러 목적지로 향해야 한다. 그리고 정착한 이들은 위태로운 연결 고리를 계속해서 유지하고 발전시키려고 노력해야만 한다. 그러할 때 디아스포라는 적절한 개념이 된다.

이렇게 이해하면 디아스포라 개념은 해석의 깊이를 더하면서 인간 이주, 정착, 적응의 특수한 측면을 밝혀 줄 수 있다. 하지만 누가 이 목표에 맞춰 디아스포라를 효과적으로 사용할 것인가? 디아스포라는 연구자나 사회문제 이론가들이 다른 집단들의 행위를 분석하는 데 사용하는 해석 도구일까? 아니면 이주자들이 자신들의 경험에서 의미를 포착하도록 도와주는 개념일까? 디아스포라는 분석에 속하는가, 실천에 속하는가? 답은 둘 다이다. 이주에 관해 글을 쓰는 연구자는 연구의 중심 범주 중 하나로 디아스포라를 이용한다. 그러나 실제 이주자와 그 후손들, 즉 어떤 식으로든 그곳으로 옮겨 왔고 특정한 형태의 연결망을 형성한 이들은 자신들의 경험을 이해하거나 문화적으로 표현하기 위해, 정치적 동원이나 공동체 구축을 위해 디아스포라 개념을 활용한다. 따라서 학문적인 디아스포라 개념은 어떤 식으로든 실제 이주자들의 일상 경험과 맞물려야 한다. 이 점은 너무나 명백해서 중요하다고 말할 필요조차 없어 보인다. 하지만 이주자 정체성의 혼종성과 단편화를 강조하는 이들의 생각은 다르다. 그들은 실제 이주자들이 과연 그렇게 고통스러운 방식으로 그들의 세계를 생각하고 있는지를 우리가 의심해야 한다고 주장한다.

디아스포라는 이주가 만들어 낸 세계를 일반적인 시각과는 다른 각도로 바라본다. "미국의 아르메니아인 디아스포라"라든가 "브래드포드의 파키스탄인 디아스포라"와 같은 말은 해외에 거주하는 사람들을 가리키는 단순한 표현이다. 이 말들은 그 사람들에 대해 거의 아무것도 말해 주지 않는다. 이 말들은 그 사람들을 한 장소에 단단히 고정시키고, 디아스포라를 셀 수 있는 실체로 환원시키며, '소수민족 집단'과 동일하게 만들어 버린다. 반면에 앞에서 제시한 유연한 의미의 디아스포라 개념은 행동 양식, 관계망, 상호작용의 역동적인 폭을 드러내면서 이주가 창출한 세계의 특수한 국면을 조명한다.

디아스포라는 사람들이 자기가 속한 세계에 대해 말할 수 있게 해 준다. 망가진 삶을 이해해 보려고 애쓰는 가난한 이주민들, 해외 공동체 집단을 이끌며 고국과의 접점을 찾고 다른 곳에 있는 동료 추방자들과 연대하려는 민족주의자, 그리고 이 주제에 대한 글을 쓰고 싶어 하는 기자, 교수, 학생들 모두에게 이 말은 진실이다.

2장

이주

Migration

비판적인 시각으로 바라볼 때 디아스포라는 차이를 분별할 수 있게 하는 강력한 도구가 된다. 디아스포라 개념은 이주 집단 간의 차이만이 아니라 그 집단 내부의 중요한 차이들을 인식할 수 있게 해 준다.

이주 과정에 주목해 보면, '디아스포라'라는 말에는 전혀 다른 두 가지 의미가 숨어 있음을 알 수 있다.

먼저, 디아스포라는 출신지를 근거로 하는 단 하나의 분류 체계 속으로 해당 이주민 집단의 모든 구성원을 밀어 넣어서 사회적이고 현실적인 차이들을 없애 버리는 역할을 한다. '아일랜드인 디아스포라'나 '이탈리아인 디아스포라'와 같은 표현은 이주지의 환경이나 과거 본국에서 각자 어떤 처지였는지와는 상관없이, 아일랜드 혹은 이탈리아에서 건너온 사람들과 그 후손들을 통틀어 지칭하는 경우가 많다. 이때의 디아스포라는 대상을 동질화시키는 경향이 아주 강하다. 게다가 어떤 집단 전체에 '디아스포라' 꼬리표가 붙으면, 이들의 이주는 단 하나의 트라우마적인 형식으로 환원되고 만다. 바빌론 유수, 대서양 노예무역, 아일랜드 대기근, 인도

인 연기계약노동 | 19세기 초 노예제도 폐지 후 주로 플랜테이션 대농장의 대체 노동력 확보를 위해 프랑스와 영국 등의 아시아·아프리카·아메리카 식민지는 1백만 명 이상의 인도인들을 장기간의 노동계약 조건으로 데려왔다. 2장 5절의 '아시아인 이주' 참고 | , 아르메니아인 대학살 등이 그런 예이다.

그러나 균질하게 이루어지는 이주는 거의 없다. 비슷한 시기에 비슷한 장소에서 떠난 사람들일지라도 서로 근본적으로 다른 이유로 이동했을 가능성이 얼마든지 있다. 대재앙이 덮쳤거나 정치적으로 급격한 변화가 생겼다 해도 그곳을 떠난 사람들이 모두 어쩔 수 없이 떠난 것은 아니다. 무엇보다, 모든 이주는 시대가 변하면서 미묘하게 그 특성이 바뀌었다. 따라서 좀 더 비판적인 시각으로 바라볼 때 디아스포라는 차이를 분별할 수 있게 하는 강력한 도구가 된다. 디아스포라 개념은 이주 집단 간의 차이만이 아니라 그 집단 내부의 중요한 차이들을 인식할 수 있게 해 준다. 이런 의미의 디아스포라는 이주의 단순한 동의어라고 할 수 없으며, 이주를 그리고 이주가 만들어 낸 세계의 특별한 측면들을 이해하기 쉽게 드러내 준다.

선사시대의
이주

인간은 존재해 온 이래로 개인이든 집단이든 계속 이주해 왔다. 우리가 아는 한, 선사시대의 이주는 본질적으로 매혹적인 것이었다. 그러나 선사시대 인간의 이주 동기나 정서를 잘 알지 못하는 상황에서 이주를 디아스포라로 칭해서 얻을 수 있는 것은 거의 없다. '이주'라고 부르면 충분하다. 디아스포라는 중립적이거나 소극적인 용어가 아니다. 오히려 동기와 정서를 바탕에 깔고 어떤 주장을 편다. 주장을 증명할 증거가 거의 없기 때문에, 선사시대 '디아스포라'는 포괄적인 의미의 확산이나 분산을 뜻할 때만 사용할 수 있는 말이라고 보아야 한다.

장구한 진화의 흐름 속에서 호모사피엔스는 극히 최근인 20만 년 전에 출현했다. 그 이후로 인간은 피부색, 머리카락, 체형 등의 소소하고 유전적으로 별 의미 없는 변화 말고는 신체적인 진화를 거의 겪지 않았다. 최근의 연구 결과에 따르면, 지금 살아 있는 모든 사람은 동아프리카에서 나타난 소규모 호모사피엔스 집단의 후손이다. 이들은 해부학적으로 현대인과 동일하다. 최근의 유전학 연구는 모든 인간 세포 속의 미토콘드리아가 15만 년 전에서 20만 년 전 사이에 아프리카에서 살았던 한 여성에게서 유래한다는 사실을 밝혀냈다. 이 '아프리카인 이브African Eve'가 그 당시 지구에 존재한 유일한 여성은 아니지만, 다른 여성들의 미토콘드리아 흔적은 지금 남아 있지 않다. 남성 Y염색체 연구도 모든 인간의 기원이 비슷한 시기로 거슬러 올라간다는 결론을 냈다. 유전학 연구의 새 성과는 기존의 다지역 기원설에 타격을 주었다. 이전에는 서로 다른 호미니드 조상들이 진화하여 다양한 인종이 생겼다고 보았다. 새 이론이 옳다면 미토콘드리아 연구는 우리가 생각하던 유전적 다양성보다 더 넓은 범주를 밝혀낸 것이다. 인간은 한 가지 종류만 있다.

호모사피엔스는 난데없이 출현한 것이 아니라, 초기 호미니드에서 갈라져 나와 진화했다. 최초로 직립보행을 한 호미니드는 약 4백만 년 전에 동아프리카에서 나타났다. 다른 유인원들과 비교할 때 중대한 진화론적 이점이 생긴 것이다. 이 유인원 집단은 오스트랄로피테쿠스라는 이름으로 잘 알려져 있다. 고생물학자들은 1974년 에티오피아의 하다르에서 3백만 년 전 것으로 보이는 오스트랄로피테쿠스 화석 파편 수백 개를 발견했다. 그들은 이 해골에 '루시Lucy'라는 이름을 붙였다. 이후 440만 년 전의 것으로 추정되는 초기 원인原人 화석이 1994년 에티오피아에서 발견되었다. 루시가 속한 원인들은 식량인 식물을 찾아 그들의 발생지인 에티오피아에서 서쪽으로 차드, 남쪽으로는 남아프리카까지 퍼져 나갔다. 이들은 더 나은 음식이나 적합한 짝을 찾아 이주를 계속해야만 했다.

약 2백만 년 전에, 호모 속屬이 오스트랄로피테쿠스에서 갈라져 나왔다. 역시 동아프리카에서였다. 오스트랄로피테쿠스보다 뇌가 더 크고, 돌과 뼈로 훨씬 정교한 도구를 만들 줄 알았다. 호모 속과 오스트랄로피테쿠스는 오랫동안 공존하다가 1백만 년 전쯤에 오스트랄로피테쿠스가 멸종했다. 가장 널리 알려진 호모 속인 호모 에렉투스는 아프리카 바깥을 탐사하고 거주한 최초의 호미니드였다. 식물만이 아니라 고기도 먹는 수렵 채집 생활을 했기 때문에 이주는 당연한 일이었다. 이주는 이들의 삶의 방식과 단단히 결부되어 있었다. 수렵 채집은 이후의 농업 사회나 도시 사회와 달리 비교적 소규모 집단이 유지하는 넓은 땅을 필요로 했다. 가뭄이나 여타 천재지변은 대규모 집단 이주가 생기도록 했을 테고, 당연히 짝을 찾을 때는 개별적으로 혹은 소규모로 이동했을 것이다. 그들이 이주를 택한 다른 이유나 그때 그들이 느낀 감정 등은 지금의 우리가 알기 어렵다.

하지만 고고인류학적 증거를 쥔 우리는 호모에렉투스가 놀라운 범위로까지 퍼져 나갔다는 사실을 알고 있다. 요르단, 코카서스, 인도네시아, 중국처럼 서로 멀리 떨어진 곳에서 화석이 발견되었다. '자바원인Java原人'은 180만 년 전, '베이징원인北京原人'은 적어도 1백만 년 전의 유골로 측정되었다. 아프리카 바깥에서 출현한 호모에렉투스의 변종들이 약 50만 년 전에 유럽에 도달했다. 1856년 독일의 네안데Neander 계곡에서 처음 발견된 네안데르탈인은 아마도 이 유형의 후손일 것이다. 지금으로부터 13만 년 전쯤부터 나타난 네안데르탈인은 멸종을 맞이한 기원전 3만 년 무렵까지 유럽과 서아시아, 중앙아시아의 일부에서 살았다.

새로운 종류의 인간, 호모사피엔스가 나타나 네안데르탈인을 대체했다. 아프리카에서 발견된 가장 오래된 호모사피엔스 화석은 네안데르탈인의 출현 시기와 겹친다. 에티오피아에서 1967년에 출토된 인간 두개골은 약 13만 년 전의 것이다. 뒤이은 발견들은 지금의 인류가 이 지역에서 적어도 3만 년 전부터 살고 있었다는 것을 밝혀냈다. 현생인류가 선조들보다 나은 점은 두뇌 크기나 두개골 모양이 아니라, 더 유연해진 후두 덕분에 발달된 의사소통 능력이었다. 이전의 호미니드들도 기본적인 의사소통은 했겠지만 인간만이 언어를 발전시켰다.

호모사피엔스는 아프리카 밖으로 나가 중동과 유럽에서 네안데르탈인을 맞닥뜨렸다. 어떤 식의 접촉이 있었는지는 논란거리다. 일반적으로 종種의 정의는, 다른 종과의 사이에서 독자 생존이나 자손 번식이 가능한 후손을 낳을 수 없다는 것이다. 현생인류와 네안데르탈인의 DNA는 약간의 차이가 있지만 거의 비슷하다. 중간에 오염될 수도 있으니 화석 자료에서 DNA를 검출할 때에는 극히 주의해야 한다. 2011년의 한 연구는 아프리카계 이외의 인간들이 네안데르탈인의 DNA를 미량이나마 지니고 있다고 결론내렸다. 두 집단 사이에 이종교배가 있었음을 시사하는 것이다. 아마도 중동 지역에서 처음으로 활동 반경이 겹쳤던 시기에 접촉이 일어나지 않았을까. 다지역 기원설을 부활시킬 정도는 아니더라도 기존의 틀이 흔들린 것은 사실이다. 이 연구가 옳다면 최후로 살아남은 가장 성공적인 현생인류, 단일한 호미니드 종의 하위분류로서 호모사피엔스 사피엔스와 호모사피엔스 네안데르탈렌시아를 모두 상정하게 될 수도 있다. 그러나 2012년의 또 다른 연구는 두 종이 보이는 DNA상의 공통점은 공통 조상을 두었다는 단순한 사실에서 비롯된 것이라고 반박했다.

호미니드 경쟁자들 간의 관계가 어찌 됐든, 호모사피엔스는 재빨리 네안데르탈인을 밀어냈고 홀로 맨 마지막에 승리를 선언했다. 다른 동물들과 달리, 우리는 가까운 친족이 없다. 우리는 그들을 모두 죽였거나 멸종으로 몰아갔다. 호모사피엔스는 온 지구에 번성하였다. 우선 아프리카에서, 다음엔 아시아와 오세아니아에 자리를 잡았고 유럽과 아메리카에 이르렀다. 이 흥미롭고 포괄적인 이야기를 이렇게 정리할 수도 있을 것이다. 모든 인류의 역사는 아프리카 디아스포라의 역사라고 말이다.

초기 호미니드와 달리, 호모사피엔스는 말하는 법을 배웠고 결국엔 읽고 쓰고 예술을 창조했다. 하지만 읽고 쓰는 능력이나 문화는 인간의 역사에서 한참 후에나 나타났으며, 눈에 보이는 자료 없이는 제한된 역사 지식을 가질 수밖에 없다. 인류학, 고고학, 최근에는 유전자 분석이 많은 것을 알려 주었지만, 인간 역사의 대부분은 '선사시대'라는 이름의 안개 속에 영원히 감춰진 채로 남을 것이다. 거의 1만 년 전에 시작된 역사시대도 대부분은 불확실하다. 고대 문명의 출현에 이르러서야 인간의 의식 세계를 놓고 근거 있는 주장을 펼 수가 있다. 인간 이주를 해명하려는 디아스포라 개념은 고대 유대 역사에서 처음으로 확실하게 등장한다. 유대인들의 이주에 이르러, 디아스포라의 '역사'가 시작된 것이다.

유대인 이주

디아스포라는 정말 강력한 개념이라서, 유대인 이주 전체를 뭉뚱그려 가리키는 말로 사용하면 중요한 차이와 구분들이 모호해진다. 디아스포라를 유대 이주의 역사를 모두 포괄하는 용어로 쓰는 것은 유대인들이 여러 시기에 걸쳐 여러 장소로 옮겨 다닌 실제 역사적 과정을 무시하는 일이다. 유대인 이주는 별개의 시기들로 구분될 수 있으며, 구분되어야 마땅하다. 전쟁과 박해 때문에 살던 곳을 떠나도록 강요당한 유대인도 많았지만, 군인이나 상인으로 일하기 위해서 혹은 가족을 찾기 위해 자의로 이주한 이들도 적지 않았다. 얼마든지 귀환할 수 있었지만 돌아오지 않기로 결정한 사람들도 있었다. 디아스포라 개념은 더 비판적이고 분석적인 의미로 활용할 때 이주의 여러 종류와 국면들을 선명하게 드러내는 도구가 될 수 있다.

고대 세계에서 일어난 유대인 이주는 복잡했다. 원인과 동기도 시대와 장소에 따라 다양했다. 유대인 공동체는 알렉산드리아, 바빌론, 사르디스 등 헬레니즘 세계 전역에서 번성했다. 두 번째 성전聖殿이 세워져 있던 시기(기원전 515~서기 70)에는 자의로 유다 왕국을 떠난 사람들도, 알렉산더 대왕이 기원전 332년에 쳐들어왔을 때처럼 군사적 정복 때문에 떠나야 했던 이들도 있었다. 한동안 내세우는 이들이 없던 '이스라엘로의 귀환'은 서기 70년 2차 성전의 파괴와 이후 서기 135년 예루살렘 함락 이후 불가능한 일이 되었다. 이젠 유대인들이 원한다 해도, 돌아갈 장소가 없었다.

그러나 그 이후 유대인들이 흩어져 살아간 수세기 동안을 강제이주라는 단순한 이야기로 축약할 수는 없다. 물론 유대인들은 계속해서 박해나 강제추방을 당해 왔다. 하지만 그들은 그들의 의지로 팔레스타인이나 여타 거주지를 떠나 세계 어딘가의 다른 동포들을 찾고, 함께 별개의 공동체를 이루어 더 나은 삶을 살아가려고 이주하기도 했다. 자발적이거나 비자발적인 이주를 통해서 오늘날 유대인들의 기초를 이루는 두 집단이 생겼다. '세파르딤'과 '아슈케나짐'이다. 이베리아 반도에 거주하던 유대인들이 세파르딤Sephardim인데, 히브리어로 스페인을 S'farad라고 부른 것에서 유래했다. 이탈리아를 거쳐 프랑스와 라인란트│라인 강 양쪽에 펼쳐져 있는 지역│로 넘어갔거나, 중부 유럽과 동부 유럽에 거주하던 이들이 아슈케나짐Ashkenazim이다. Ashk'naz는 히브리어로 독일을 가리킨다. 현재 아슈케나짐이 전 세계 유대인의 80퍼센트를 차지한다.

실제 무슨 이유로 이주했든지 간에, 대부분의 유대인들은 이스라엘 바깥에서 사는 삶을 종교적으로 해석했다. 디아스포라에는 그들의 상황을 설명해 줄 개념이 이미 내재해 있었다. 그들이 흩어진 것은 신이 모세에게 내려 준 율법에 복종하지 않아 받게 된 신의 징벌이었다. galut(실제 추방)가 za-avah(신에게서의 영적인 소외)에 통합되면서 디아스포라는 대체로 비관적인 색채를 띠었다. 귀환 형식 속에 구원의 약속을 담고 있는 디아스포라는, 인간의 손이 아니라 신에 의해 이루어질 먼 목표였다.

초기 기독교도들도 그들만의 디아스포라 개념을 발전시켰다. 예수가 돌아올 때까지 세상에 흩어져 그 말씀의 씨앗을 세상에 뿌려야 하는 순례자 공동체를 자임했기 때문에, 그들은 천국에 있는 신의 나라에서 추방되어 있는 셈이었다. 기독교도들은 유대인들이 신의 징벌 때문에 흩어져 살게 됐다는 설명에는 동의했지만, 징벌의 원인에 대해서는 입장이 달랐다. 신이 모세에게 내린 율법에 불복종했기 때문이 아니라, 예수를 구세주로 받아들이지 않고 십자가에 못 박았기 때문에 세상을 방랑하도록 운명 지어졌다고 믿은 것이다. 그래서 오랜 시간 동안 유대인 혐오의 저변에 깔려 있던 것은 그저 편견이 아니었다. 기독교인이 된다는 것의 핵심에 유대인 혐오가 있었다.

유대인 이주를 불관용의 맥락 밖에서 이해하는 것은 불가능하다. 직접 박해를 받고 떠나간 이들이 있는가 하면, 박해의 가능성을 두려워해 도망친 이들도 있었다. 자발적 이주와 비자발적 이주의 경계선을 지워 버릴 만큼, 그들에게 가해진 위협은 눈앞의 현실이었다. 유럽 중동부의 아슈케나짐 유대인들은 13~14세기에 박해를 피해 라인란트에서 폴란드로 옮겨 갔다. 1492년 스페인의 페르디난트 왕과 이사벨라 여왕이 스페인에서 모든 유대인을 추방하기로 결정할 때까지, 기독교로 개종했던 이베리아 반도의 세파르딤 유대인들은 종교재판을 받으며 고문과 처형을 견뎌야 했다. 상당수의 세파르딤이 포르투갈에 정착했지만, 몇 년 지나지 않아 다시 추방당했다. 이베리아 반도의 유대인들은 결국 네덜란드나 아메리카 대륙, 지중해 전역으로 흩어졌다. 19세기 중반에 독일을 떠나 미국으로 향한 유대인 대부분은 박해를 피해 떠난 것이 아니지만, 더 큰 경제적 성공의 기회를 잡는 일 못지않게 종교적 관용도 주된 이주 요인이었다.

반유대주의anti-Semitism가 가장 폭력적인 방식으로 나타나 다시 한 번 유대인 대이주를 촉발시킨 나라는 19세기 말의 러시아였다. 당시 러시아제국 인구의 5퍼센트 정도가 유대인이었다. 그중 90 퍼센트 이상이 강제로 제국 서부 지역의 유대인 거주 구역에 살아야 했다. 소위 '거주 구역'은 오늘날의 우크라이나·폴란드·벨라루스·라트비아·리투아니아 등 러시아제국의 서부 지역에 위치했으며, 예카테리나 2세 통치 기간인 1791년에 만들어졌다. 러시아제국은 이 구역 밖에서는 유대인이 지속적으로 거주할 수 없도록 하여, 성장 중인 러시아 중산층을 유대인과의 사업 경쟁에서 보호하려고 했다. 한 지역에 몰아넣은 유대인들은 폭행과 강제이송의 손쉬운 대상이었다.

러시아 반유대주의는 차르 알렉산드르 2세의 암살범들 중 한명이 유대인으로 밝혀진 1881년에 절정에 달한다. 보복 목적의 법률들이 줄줄이 공표됐다. 유대인은 거주 이전의 권리, 재산권은 물론이고, 학교에 들어가거나 특정 직업을 가질 수 있는 인원수까지 엄격한 제한을 받았다. 차르 암살 사건은 연이은 유대인 집단 학살의 신호탄이기도 했다. 대규모의 폭도들이 유대인 마을을 습격

했고, 당국의 암묵적인 승인 아래 학살이 벌어진 적도 많았다. 결국, 탄압을 견디지 못한 2백만 명의 유대인들이 거주 구역을 이탈해 오스트리아 – 헝가리제국으로 들어가 독일을 거쳐서 미국으로 향했다. 1880년 무렵 전 세계 약 770만 명의 유대인 중 75퍼센트가 동유럽에 거주하고 미국에는 3퍼센트뿐이었는데, 40년 후에는 세계 유대인 중 거의 4분의 1이 미국에 살게 되었다.

유대인 이주의 역사는 강제추방 하나만 가지고 이야기할 수 없다. 그 줄거리가 지닌 단순한 명쾌함이 아무리 흡입력 있더라도 말이다. 유대인 이주는 비자발적 이주, 자발적 이주, 그리고 가족·종교·사업을 배경으로 하는 치밀한 연결망 등의 여러 얼굴을 갖고 있다. 다만, 기독교인들의 적개심 탓에 유대 역사는 종교재판, 이베리아 반도에서의 추방, 러시아 집단 학살, 홀로코스트까지 계속 이어지는 불관용, 증오, 공포의 특수한 맥락 속에서 펼쳐졌다. 게다가 오랜 역사에 걸쳐 유대인들은 그들이 흩어져 사는 것이 신이 내린 추방 때문이라고 해석해 왔다. 그러므로 디아스포라 개념은 유대인 이주를 이해할 때 주목하지 않을 수 없는 틀을 마련해 준다. 그리고 그 틀은 연속성만이 아닌 다양성에도 눈길을 돌리게 한다.

아프리카인 이주

　　아프리카인과 그 후손들의 이주도 같은 결론을 내릴 수 있다. 아프리카인 디아스포라는 대서양 노예무역이 만들어 낸 개념이다. 아프리카인 이주의 여러 측면 중에서도 노예무역으로 인한 강제이주가 가장 중요하다. 하지만 대서양 노예무역 이전과 이후의 시기도 충분히 주목할 만하다. 노예무역이 가장 핵심적인 사안이라 하더라도, 아프리카인의 이주 형태가 노예무역 하나뿐이 아니었음을 놓쳐서는 안 된다. 노예제조차도 내부의 차이가 전혀 없는 동일한 사건으로 다뤄서는 안 된다. 유대인 이주의 사례에서 보았듯이, 디아스포라는 비판적으로 적용할 때 이주의 내적 다양성을 드러내면서 여러 종류의 인구 이동이 갖고 있는 차이를 보여 줄 수 있는 개념이다.

　　호모사피엔스의 선사시대 이주를 제외하면, 기원전 3천 년경부터 지금의 나이지리아와 카메룬에 살던 반투어bantu 사용 인구가 아프리카의 다른 지역 및 인도양 쪽으로 이동한 것이 아프리카인 최초의 대규모 이주였다. 두 번째로 중요한 이주는, 서기 5세기부터 상인과 군인 및 노예들이 아프리카 밖으로 나가 포르투갈·스페인·이탈리아·중동·인도에 작은 공동체들을 이루어 살기 시작한 것이다. 두 번째까지의 초기 이주는 디아스포라로 볼 이유가

동아프리카에 있는 작은 섬으로 탄자니아 영토가 된 잔지바르의 노예시장. 잔
지바르는 아랍 노예무역의 중심지 중 하나였다. 1872년 〈일러스트레이티드 런
던 뉴스Illustrated London News〉에 실린 삽화.

딱히 없다. 다른 이주들과 특별한 차이점이 없기 때문이다. 바로 이 지점이 중요하다. 고대 세계의 아프리카인들은 다른 이주 집단과 별다르지 않은 방식으로 이주했다. 그런데 근대 노예무역이 출현하면서, 모든 아프리카인의 이주가 항상 비자발적이었다고 넘겨짚는 비역사적인 생각이 탄생했다.

노예무역도 시대와 지역에 따라 상당히 다양한 면모를 보인다. 가장 잘 알려진 형태인 대서양 노예무역은 15세기 후반에 시작되어 400년간 지속되었다. 이 시기에 1,100만 명에 달하는 노예가 배에 실려 아메리카 대륙으로 옮겨졌다. 하지만 한참 전인 650년 경부터 이미 무슬림 무역상들이 북아프리카와 인도양 주변으로 노예를 운반하고 있었다. 대부분 종이나 첩으로 팔린 여자들이었지만, 군인이나 하인으로 팔린 남자 노예들도 큰 비중을 차지했다. 이른바 아랍 노예무역은 대서양 노예무역보다 규모가 더 컸고, 더 오랜 기간에 걸쳐 19세기 말까지 다양한 형태로 유지되었다.

대서양을 건너간 이들에 비해 북쪽이나 남쪽으로 팔려 간 아프리카인들은 그리 잘 알려져 있지 않다. 그 이유는, 단순하게 보자면 노예무역에 관한 치밀한 역사 연구 대부분이 대서양 주변 지역에서 이루어졌다는 사실 탓일 수 있다. 그러나 이 두 지역의 노예무역은 그 본질이 달랐다. 아랍 노예무역으로 거래된 아프리카 여성이나 소녀들은 대부분 무슬림 집안 속으로 사라져 버렸고, 소년들은 거세당하는 경우가 잦았다. 더욱이 다른 종족과의 결혼, 사회적 유동성, 기존 사회와의 동화 등의 비율이 대서양 지역보다 월등히 높았다. 현재의 아랍 세계에서도 아프리카계 주민들이 모여 사는 곳을 쉽게 찾아볼 수 있지만, 보통 그 문화와 혈통은 주변과 뒤섞여 있다. 그렇지만 붙잡혀 간 아프리카인들의 삶이 지역에 따라 크게 다르다 해도, 노예무역이 자발적인 공동체 형성과 구분되는 강제이주의 범주 안에 든다면, 확실히 디아스포라는 어떤 형태의 노예무역 연구에도 적절한 접근 방식이다.

노예 문제에서 무엇보다도 가장 깊이 연구된 분야는 16,7세기부터 19세기까지 지속된 아메리카 대륙의 노예제이다. 1600년에서 1800년 사이 아메리카 대륙으로 이주해 온 이들 중 4분의 3이 아프리카 노예들이었다. 노예들은 설탕, 담배, 쌀, 커피, 나중엔 목화 등의 주요 작물을 재배하는 곳에서 노동력 부족을 메웠다. 다양한 일을 했지만 커다란 플랜테이션 농장에 살면서 상업적 농업에 동원되는 일이 가장 흔했다. 이 노예제도는 자메이카·아이티·쿠바 등 카리브 제도의 설탕농장에서 처음 시작된 후 곧 북아메리카에 퍼져 나갔고, 버지니아 주 남동부 체서피크 만 주위의 담배농장이나 캐롤라이나의 쌀농장에서 노동력 부족을 해결하는 수단이 되었다. 이곳의 농부들은 노예를 아프리카에서 직수입하거나 카리브 제도에서 들여왔다.

대서양을 건너온 노예들 대부분은 브라질이나 카리브 해로 갔다. 브라질은 단일한 목적지로는 가장 많은 수의 노예를 수입했는데, 대서양 너머로 가는 배를 탄 노예들의 40퍼센트가 브라질에 도착했다. 영국, 프랑스, 스페인, 네덜란드의 카리브 해 식민지에 수용된 노예가 45퍼센트였다. 북아메리카의 영국 식민지는 고작 6퍼센트의 아프리카 노예들을 수입했다. 그러나 비교적 적은 수로 보이는 이 60~65만 아프리카 노예들이 19세기 미국 남부의 '목화 왕국'이 운영한 전 세계 최대의 노예제도를 만드는 씨앗이 된다. 미국의 노예제도는 재생산 체제라는 점에서 다른 곳들과 확실하게 달랐다. 1808년에 노예무역이 종결된 뒤에도 이후 미국이 되는 식민지들의 노예 인구는 자연스럽게 증가했다. 출생률이 사망률보다 높았기 때문이다. 하지만 다른 곳들과 비교해 미국 노예들의 수명이 길고 환경이 나았다고 할지라도, 여전히 노예들은 탈출의 여지가 거의 없는 봉쇄된 제도 안에 갇혀 있었다.

미국 바깥 지역에서는 훨씬 가혹한 환경이 기다리고 있었다. 노예들은 일하다 죽어 갔다. 19세기 내내 쿠바와 브라질의 농부들은 젊은이나 어린애들을 아프리카에서 계속 수입했다. 이 나라들에서는 남자 노예가 여자 노예보다 압도적으로 많았고, 1880년 노예 해방 시점에는 노예들의 대다수가 아프리카 태생이었다. 이를 남북전쟁(1861~1865) 전의 미국 남부와 비교하자면, 남부 노예들의 성비性比는 비슷했으며 거의 전부가 미국 태생이었다. 카리브 제도와 남아메리카 쪽의 노예들은 미국의 노예들보다 아프리카와 더 직접 연결되어 있었다. 그러나 성비의 불균형, 잔혹한 노동조건, 고난에서 살아남은 자들의 높은 해방 비율 등은 카리브 제도와 남아메리카 지역에서 북아메리카 식의 지속적인 노예 공동체가 형성되지 못하게 가로막는 장애물이었다.

아프리카인 이주에는 그 어떤 다른 이주들보다도 강제성이 두드러지게 나타난다. 디아스포라는 이런 형식의 인구 이동을 설명할 때 특히 유용한 범주이다. 노예무역의 공포가 고대 세계의 아프리카인 이주가 갖는 중요성을 감춰 버려서는 안 된다. 또 20세기부터 지금까지 이어지는 전 지구적인 아프리카인 이주의 흐름, 즉 아프리카 대륙에서 떠난 이들 혹은 대서양을 가로질러 자유롭게 옮겨 다닌 아프리카계 사람들이 주도한 현상도 묻혀서는 안 된다. 그러나 노예무역이 갖는 중대성은 부정할 수 없다. 대서양 반대편으로의 강제이주라는 시련이 없었다면, 아프리카인 디아스포라는 존재하지 않았을 것이다. 이 시련을 견뎌 낸 한 사람 한 사람에 관한 자료들은 거의 남아 있지 않지만, 살아남은 자의 후손들은 디아스포라의 틀 안에서 자신들의 역사를 분명하게 인식하게 되었다. 그들의 역사를 재구성하려는 학자들은 바로 그 때문에 디아스포라 개념에서 무시할 수 없는 해석의 힘을 발견한다.

아일랜드인
이주

19세기와 20세기 초, 5,500만 명에 달하는 유럽인들이 아메리카 대륙으로 건너왔다. 그들의 서사시적 여정은 전 세계 이주의 역사에서 가장 유명한 이야깃거리다. 그런데 이 경우에도 디아스포라가 유용한 범주일까? '스코틀랜드인 디아스포라', '이탈리아인 디아스포라', '그리스인 디아스포라' 등은 유럽인들의 이민을 가리키는 말로 자주 쓰인다. 하지만 이렇게 사용된 디아스포라는 '이민'의 동의어이거나 해외 동포를 가리키는 단어에 불과해서 디아스포라라는 용어를 일반화시킨다. 수많은 사람들이 여러 목적지로 이동했다는 의미 말고는 저 표현들이 이주의 근원, 형태, 특성에 대해 어떤 특수한 주장을 하는 경우는 거의 없다. 이주의 규모나 이주지에서 발생한 특정한 감정 상태, 이주자들의 관계망 등을 의미할 때가 가끔 있다고 해도 그렇다. 하지만 유럽 이주민 집단 중 한 집단만은 바로 그 점에서 다른 집단과 다르다. 바로 아일랜드인들이다.

디아스포라를 다루는 연구자들은 유럽 이민자들을 제외하는 경우가 많지만, 아일랜드인은 예외이다. 아일랜드인 이주가 갖는 특수한 면을 조명하는 이들은 '탈출'이나 '추방' 등의 단어와 함께 '디아스포라'라는 말을 자주 사용한다. 왜 그럴까? 그 답은 아일랜드 역사의 세 가지 뚜렷한 특징에 담겨 있다. (1) 아일랜드 근대 역사의 대부분은 영국 식민지 상태였다. (2) 영국 식민 통치 와중인 1845~1851년 대재앙에 가까운 기근이 아일랜드를 덮쳤다. 1백만 명 이상이 사망했고, 2백만 명 이상이 전 세계로 흩어졌다. 대기근 전에 아일랜드의 인구는 약 850만이었는데, 이 인구는 현재까지도 회복되지 않고 있다. (3) 19세기 말까지 아일랜드는 유럽에서 가장 높은 이민율을 기록했다. 이 세 가지 특징 때문에, 디아스포라는 아일랜드 사례를 설명하는 유용한 방법이 될 수 있다.

하지만 대기근의 비극이 너무나 강렬했던 탓에 아일랜드인 이주가 보인 다양성이나 시간이 흐르면서 변화한 지점들은 가려질 때가 많다. 기근이 일어나면서 발생한 거센 이주의 물결은 디아스포라의 틀 속에서 설명하기가 쉽다. 그러나 기근으로 인한 이주는 300년의 아일랜드인 이주 역사에서 특별히 강렬한 하나의 사건일 따름이다. 1700년 즈음 시작된 아일랜드인들의 이주는 간헐적으로 멈추긴 했어도 꾸준히 지속되었다. 대기근 시기의 이주는 다른 이주들을 그 큰 그림자 아래에 감춰 버렸다. 재차 강조하지만, 중요한 것은 여러 가지 이주들을 구분해 내는 것이다. 그리고 디아스포라는 그 목적에 잘 부합한다.

1700년 이래로, 9백만에서 1천만 명의 아일랜드인이 아일랜드를 떠났다. 현재 아일랜드의 인구는 (아일랜드공화국과 북아일랜드를 합산해도) 650만 명 이하이다. 반면에 자신의 민족 정체성이 '아일랜드'라고 답한 미국인은 3,500만 명에 달한다. 18세기에 대서양을 건넌 대부분의 아일랜드인은 북쪽 얼스터 지방에 살던 장로교인들이었다. 그들은 토지, 경제적 기회, 종교적 관용을 찾아 이주하였다. 반대로 1830년대부터 1920년대까지는 대서양을 건넌 아일랜드인의 90퍼센트가 가톨릭 신자였다. 대기근 전 30여 년 동안 거의 1백만 명에 가까운 사람들이 인구 팽창, 토지 부족, 도시 – 산업 기반 시설 미비 등의 이유로 아일랜드를 떠나 북아메리카로 갔다. 대기근 이후 시대(1855~1921)에는 350만여 명이 북아메리카, 오스트레일리아, 뉴질랜드로 가는 배를 탔다. 아일랜드인의 탈출 행렬은 20세기 내내 계속되다가 영국으로 방향을 돌린다. 이민자들이 송금해 온 돈은 아일랜드에서 빠져 나갈 자금이 되었다.

대기근 전 150년과 대기근 후 150년 동안의 아일랜드인 이주를 설명할 때, 디아스포라는 그다지 쓸모 있거나 필요한 개념처럼 보이지 않는다. 이주를 추동한 것은 주로 경제적인 이유였다. 해외에 존재하는 기회와 떠나도록 떠미는 압력이 양쪽에서 작용한 것이다. 어떤 의미에서는 이런 종류의 이주야말로 비자발적인 것이라고 할 수 있을지 모른다. 그러나 그렇게 보면 일반적인 의미의 이주와, 노예무역·대량 학살·굶주림·정치적 압력 등 디아스포라 범주 안에서 설명하기에 적합한 강제이주의 특수한 형태들 사이

〈경제 위기Economic Pressure〉(1936). 숀 키팅Seán Keating은 아일랜드 문화
의 중심 주제인 이별의 절망적인 마지막 순간을 표현했다.

의 경계가 무너지게 될 수도 있다.

그렇지만 기근은 특별한 경우라고 할 수 있다. 디아스포라는 대재앙이 촉발한 유례없는 사건인 아일랜드인 이주를 설명할 때 아주 효과적이다. 감자마름병 혹은 감자역병은 곰팡이 균이 일으키는 전염병이다(학명 Phytophthora infestans). 이 병은 1845년 이전까지는 유럽에 알려져 있지 않았다. 당시 사람들은 어찌할 바를 몰랐다. 서유럽 전역에 나타난 감자마름병은 습한 조건에서 급속도로 퍼졌는데, 아일랜드만큼 습한 곳은 없었다. 게다가 아일랜드에서는 인구 대부분이 감자에 절대적으로 의존하고 있었다. 감자마름병은 1840년대 후반에 수차례 유행하며 아일랜드 감자 농사를 황폐화시켰다. 1백만에서 150만 명이 굶어죽거나 기아로 인한 질병으로 사망했다. 1846년부터 10년간, 아일랜드인 180만 명이 북아메리카로 도망치듯 떠났다. 30만 명 이상이 영국으로 들어갔고, 수만 명 이상이 오스트레일리아로 이주했다.

대기근의 책임이 아일랜드를 교묘하게 방치하거나 심지어 망쳐놓으려 한 영국에 있다는 생각은 대서양 양쪽에서, 특히 미국 쪽에서 오랫동안 상식으로 자리 잡아 왔다. 사실 당시 영국의 여론이나 언론, 정부는 모두 아일랜드에 닥친 흉작을 신의 섭리 탓으로 돌렸다. 신은 아일랜드인들의 게으름, 은혜를 모르는 태도, 폭력에 기대는 성향을 근절시켜 이 족속이 말썽 피우지 못하게 하려고 역사에 임재하셨다. 신은 영국의 형상을 본떠 아일랜드를 다시 세우실 것이다.

"영국이 떠드는 말들은 첫째, 다 엉터리다. 둘째, 신성모독이다."

아일랜드 민족주의자 존 미첼John Mitchel이 1860년 미국 망명 당시 펴낸 책 《(어쩌면) 최후의 아일랜드 정복The Last Conquest of Ireland(Perhaps)》에서 한 말이다.

"감자마름병을 보낸 건 신이 맞다. 하지만 기근을 만든 건 영국인들이다."

미첼은 영국이 치밀하고 체계적인 말살을 꾀한 결과로 대기근이 발생했다고 생각했다. 그가 보기에는 두말할 나위 없는 집단 학살이었다.

물론 영국 정부가 제대로 구호 노력을 기울이지 않은 것은 사실이지만, 이제 미첼의 과도한 단순 논리에 찬성하는 역사가들은 거의 없다. 사실 전후 관계를 따져 보면 미첼의 말은 틀렸다. 그러나 실제 이주해 온 사람들의 심리를 파악하려면 미첼의 입장을 진지하게 받아들여야 한다. 그는 아일랜드계 미국인들의 민족 정체성ethnic identity을 떠받치는 믿음을 표현했다. 그들의 이주는 자발적인 선택이 아니라 영국이 강요한 망명에 가깝다는 것이다. 대기근 시기, 아일랜드 이주민들은 자신들이 추방당했다고 볼 충분한 이유가 있었다. 그들이 문자 그대로 추방당한 것은 아니지만, 많은 아일랜드인들이 자신은 자발적 이민자가 아니라 망명자라고 여겼다. 〈신新옥스포드영어소사전〉은 디아스포라를 정의하면서 이런 예도 포함시켰다. "굶주림, 디아스포라, 그리고 아일랜드계 미국인들의 영국에 대한 오랜 증오."

아일랜드인의 이주 경과를 고려해 본다면, 디아스포라는 대기근 시기에 특히 쓸모 있는 범주라는 것을 알 수 있다. 대재앙이 이주를 촉발했다. 이민자들이 세계 곳곳으로 흩어졌다. 불만 가득한 마음속에 자리 잡은 추방당한 자의 정서는 해외에서 그들의 정체성을 형성하는 핵심 요소가 되었다. 그러나 이 비극적인 시대가 낳은 역사 이해가 아일랜드인 이주의 역사 전체를 대체할 수는 없다. 그것은 복잡한 이야기를 단순한 선악 구도로 바꿔 놓는 것이다. 수백 년에 걸쳐 많은 이주자들이 아일랜드를 떠났고, 거기에는 굶주림이나 영국의 압제만이 아닌 수많은 원인들이 있었다.

아시아인 이주

역사가들은 근대 이후에 진행된 아시아인 이주의 전체 규모와 중요성을 이제 막 이해하기 시작했다. 1840년 이후 한 세기 사이에 3천만 명의 인도인이 인도 바깥으로 나갔고, 중국에서는 2천만 명이 움직였다. 이 시기에 이주를 택한 인도인과 중국인의 수는 아메리카 대륙에 정착한 유럽인의 수와 맞먹는다. 심지어 여기에는 만주로 이동한 중국인 3천만 명은 포함되지 않았다. 그렇다면 대체 왜, 대서양을 건너간 유럽인들의 이주가 이주의 역사 전체를 대표하는 전형이 됐을까? 가장 간단한 대답은 역사 연구가 미비했기 때문이라는 것이다. 그러나 아시아인 이주에 대한 관심 부족, 특히 아시아 내에서 이주한 이들에 대한 무관심에는 역사란 서구에 속하는 것이라는 끈질긴 오리엔탈리즘적인 가정假定도 어느 정도 역할을 했을 것이다. 그 가정에 따르면, 아시아인과 아프리카인은 대서양 주변 세계에 들어와서야 비로소 역사에 진입한다. 결과적으로 가장 잘 알려진 아시아인 이민 집단은 인도와 중국에서 아메리카 대륙으로 건너온 채무노동자bonded labor들이다.

이 시기를 배경으로 하는 어느 소설이라도 잠깐만 훑어보면, 채무노동자들이 아시아 이민자들 전체를 대표해 등장한다. 하지만 그들은 1830년대 이후 아메리카로 이주한 인도인과 중국인의 4퍼센트 이하일 뿐이다. 이 시기 아시아인 이민자들의 대다수는 서구로 온 것도 아니고, 이주하면서 진 빚을 노동으로 갚는 계약에 묶여 있지도 않았다. 따라서 전 지구적 역사의 관점에서 보면 서구로 넘어온 아시아계 채무노동자에게만 초점을 맞추는 것은 심각한 왜곡이다. 그러나 디아스포라의 관점에서 보면 이런 시각에도 나름대로 이점이 있다. 디아스포라는 이주의 일반 이론이라기보다는 이주 경험의 특정 면모를 설명하기에 적합한 개념이기 때문이다. 아시아인들의 이주에서 디아스포라가 가장 잘 설명할 수 있는 대상은, 먼 곳에서 건너와 자유를 뺏긴 채로 일한 노동자들의 이주이다. 그들은 강제성이 짙은 이주를 했고, 가혹한 인종차별과 노동 착취를 겪었으며, 기약 없이 오랫동안 해외에서 생활해야 했다.

전체적으로 보면, 아시아 국가들 간의 이주는 단기간 이주가 우세한 독특한 모습을 보인다. 아시아의 전형적인 이주는 영구 정착이 아니라 단기 체류였다. 대부분의 대서양권 이주자들은 단 한 번의 여정 이후 유럽으로 다시 돌아가지 않았다. 이와 대조적으로 제2차 세계대전 이전의 한 세기 동안 동남아시아로 건너간 인도인들 중 4분의 1만이, 2,800만 명 중 6백만 명만 그곳에 영구 정착했다. 물론 여기에도 중요한 예외는 있다. 예를 들어, 오늘날의 멕시코인이나 도미니카인이 그러하듯이 1백 년 전의 슬라브인이나 이탈리아인들은 몇 년 후 고국으로 돌아갈 요량으로 '철새처럼' 미국으로 건너갔다. 그리고 많은 수의 인도인과 중국인들은 아시아 국가들에 계속 머무르면서 꽤 큰 규모의 도시 공동체를 형성하기도 했다. 그렇지만 아시아 이주민들은 대부분 몇 년간 일을 하고 나면 고향으로 돌아갔다. 많은 이들이 이 방식을 몇 번이고 반복했다.

이를 염두에 두고 보면, 디아스포라는 분명히 아시아인 이주 전체가 아니라 일부 형태에 적용할 때 더 적합한 개념이다. 항상 그렇지는 않지만, 먼 타지에 영구 정착한 이민자들은 고국 쪽과 또 같은 뿌리를 갖는 사람들과 강한 연결 고리를 형성한다. 계절에 맞춰 건너가 단기적으로 일하는 노동자들은 그런 경우가 드물다. 그들이 국경을 넘나드는 정교한 연결망에 기대어 일을 했다고 해도 마찬가지다. 최근 들어 연구자들은 가족, 친구, 사업, 국가에 기반한 이 연결 고리들에 주목하기 시작했다. 그리고 관계성을 강조하는 디아스포라 개념은 이런 관점에서 유용하게 쓰일 수 있는 잠재력이 있다. 그러나 얼마나 자유로웠는지를 기준으로 아시아인 이주를 엄격하게 판단한다면, 이주노동자들 중에서도 귀환이 어렵거나 불가능한 먼 지역으로 떠나 가혹한 환경에 처했던 이들의 부분집합까지 고려했을 때 디아스포라는 가장 적절하게 활용될 수 있다.

'아시아인'이라고만 부르면 너무 포괄적이므로 인도인과 중국인의 경우를 분리해서 생각할 필요가 있다. 인도인 이주노동자들은 영국제국의 틀 안에서 움직였다. 이들은 영국 식민지 관리의 통제하에 영국 식민지에서 영국 배를 타고 출발했으며, 이 관리들은 도착지의 고용주들과 연락을 주고받으며 일을 진행했다. 1840년 이후의 한 세기 동안 1,200만에서 1,500만 명에 이르는 인도인들이 버마(미얀마)로 갔고, 약 8백만 명은 실론(오늘날의 스리랑카), 약 4백만 명은 말레이 반도를 향했다. 나머지는 더 멀리 가야 했다. 피지, 모리셔스, 레위니옹 등 태평양 및 인도양의 섬이나 케냐, 탄자니아, 우간다, 남아프리카, 그리고 카리브 해가 목적지였다.

여비를 내기가 불가능했기 때문에 대부분의 인도인 노동자들은 임금에서 그 빚을 갚았다. 수세기 동안 비교적 적은 수의 인도인 노동자들이 계절제 노동을 기본으로 실론과 버마에서 일을 했는데, 이들은 여비를 얻기 위해 칸가니kangani라고 불리는 거간꾼을 찾았다. 칸가니가 노동자나 그 가족들에게 돈을 빌려 주면, 그들은 번 돈으로 그 빚을 갚았다. 19세기 중반 이후 실론의 차 농장, 버마의 대규모 쌀 생산지, 말레이 반도의 고무농장 등이 성장해 막대한 노동력 수요가 생기자, 이 칸가니 제도가 아예 인도인 노동력 공급을 맡게 되었다. 십장 정도의 지위가 있는 자나 믿을 만하다고 판단된 노동자들은 외국의 농장에서 돌아와 형제와 친척, 같은 카스트에 속한 동료들을 모집해 가곤 했다. 성공을 거둔 칸가니들은 해외로 수백만의 인도인 노동력을 공급하는 노동 연결망 속에서 중개인이나 상인으로 성장했다. 실론, 말레이 반도, 버마 등 인도와 가까운 곳은 여러 번 왔다 갔다 하는 계절제 노동이 가능했다. 인도인들은 담배나 고무농장에서 일하기 위해 수마트라나 인도네시아의 다른 섬들로도 갔다. 노동자들은 보통 왕복권을 갖고 갔고, 그중 4분의 3이 인도로 돌아왔다.

이와 대조적으로, 더 먼 곳으로 떠난 이들은 보통 5년 계약에 묶였다가 그 기간이 끝나 가면 대개 계약을 갱신했다. 인도인이든 중국인이든 연기노동계약年期勞動契約(indenture)으로 이주해 온 이들을 '쿨리coolies'라고 불렀는데, 이 말은 주로 노동계급에 속한 아시아인들을 싸잡아서 부르는 말로 쓰였다. 어원은 불분명하다. 품삯을 뜻하는 타밀어의 kuli, 노동이라는 뜻의 우르두어 quli, 고된 일을 의미하는 중국어 ku-li(苦力), 포르투갈인들이 인도 인부들을 부르는 말이던 구자라트어 koli 등에서 유래했을 것이다. 어쨌든 영국이나 미국에서 이 말을 쓸 때에는 확실히 경멸이 섞여 있었다.

노예제도 폐지는 단기 계약노동을 낳았고, 다시 그 자리를 장거리 노동이주 제도가 대체했다. 이 제도는 칸가니 제도보다 훨씬 가혹했다. 연기계약을 맺은 노동자들은 바다를 건너고 계약 기간 동안 음식, 옷, 숙소를 제공받는 대가로 노예 상태가 되어야 했다. 1830년부터 1916년 사이에 50만 명 이상의 인도인들이 카리브 해(특히 트리니다드, 기아나, 수리남, 그리고 자메이카)로 왔다. 비슷한 숫자가 모리셔스로, 15만 2천 명이 남아프리카의 나탈로, 3만 2천 명이 동아프리카로 건너가 주로 철로 부설 공사에 투입되었다. 또 영국이 피지를 병합한 1874년 이후 6만 1천 명이 피지에 갔다. 이들의 귀환율은 아시아 지역으로 갔던 노동자들과 선명한 대조를 보인다. 모리셔스의 인도인 이주노동자 중 3분의 1, 나탈에서는 30퍼센트, 트리니다드에서는 20퍼센트만이 인도로 돌아왔다.

중국인들도 인도인과 마찬가지로 장거리 이주는 대부분 연기노동계약이었다. 하와이, 캘리포니아, 카리브 해, 영국령 콜롬비아, 페루, 오스트레일리아 등이 목적지였다. 아시아 내로 이주한 중국인 노동자들은 보통 연기계약을 맺지 않았지만, 수마트라 섬의 담배농장은 예외였다. 모두 7만 5천 명의 중국인들이 19세기와 20세기 초반에 연기노동계약을 맺고 수마트라, 미국, 카리브 해, 라틴아메리카로 향하는 배에 올랐다. 매춘부로 일하러 이주하는 여성들도 소수 있었으나, 20세기 이전 대부분의 아시아 이주노동자들처럼 연기계약을 맺은 중국 노동자들도 거의 남성이었다.

인도인들처럼 중국인들도 이주노동에 필요한 돈을 마련하는 정교한 체계를 발전시켰다. 몇 가지 유형 중에서 특히 장거리 계약노동이 가장 극단적인 형태였다. 그나마 칸가니 제도와 비슷한 형태가 가장 온건한 방식이었다. 개인 자격으로 일하는 노동중개인이 여비나 기타 비용을 가족들에게 먼저 지불하면, 이주노동자가 임금에서 그 빚을 갚았다. '신용증명서' 제도에서는 전문적인 노동중개인이나 운송회사(유럽이나 미국 무역상사의 하청회사인 경우가 많았다)가 비슷한 역할을 했다. 그렇지만 노동자들은 계약 기간 동안에 더 강력한 통제를 받았다. 이주자들은 중개인에게 직접 빚을 갚을 수도 있었지만, 고용주가 자기의 증명서를 사들이면 고용주에게 변제해야 했다. 노동자들에게 더 가혹한 상황은, 신용증명서 제도가 연기계약노동과 합쳐지면서 빚을 다 갚을 때까지 한 푼도 받지 못하게 되는 것이었다. 영국이 지배하던 홍콩 같은 중요 무역항에서 어느 정도 이주의 흐름을 조절하기는 했지만, 중국인들의 이주는 인도인들의 경우처럼 제국의 철저한 통제 하에 진행되지는 않았다. 혈연, 상인조합, 지연 등에 기반한 연결망이 가장 큰 역할을 했다.

아메리카 대륙이나 카리브 해로 간 아시아인 이주자들은 비슷한 시기에 대서양을 건너간 유럽인 이주자들과 중대한 차이가 있었다. 19세기 말 이탈리아 노동자들을 데려온 브라질 정부는 연기계약을 맺는 대신에 여비를 지급했다. 영국 정부는 식민지의 인구를 늘리고자 캐나다, 남아프리카, 뉴질랜드, 오스트레일리아에 정착한 영국인과 아일랜드인 이민자들에게 보조금을 주었다. 그러나 인도와 중국 출신 노동자들은 다른 대접을 받았다. 그들은 여비도 각자 부담해야 했다. 두말할 것 없이 인종차별이었다. 아시아 이민자들은 강제로 일에 투입되었고, 말을 듣지 않으면 전망 없는 고국으로 돌려보내겠다는 위협을 받았다. 원래 대서양 주변 세계에서는 영국인 노동자들을 비슷한 조건으로 데려왔으나 17세기 말부터는 그런 경우가 없어졌다. 아프리카 노예들을 더 선호했기 때문이다. 아시아 노동자들이 아메리카 대륙에 나타난 것은 그로부터 200년이 지나서였다. 아메리카 대륙의 고용주들은 아시아인들이 유럽인들과 달리 무더운 기후 속에서 고된 일을 하기에 적합한 사람들이며, 강제로 시켜야만 일을 하는 족속이라고 제멋대로 단정하고 그들을 철저하게 통제된 환경에 몰아넣었다.

아시아인 이주 형태에서 가장 두드러지는 특징은 자유의 박탈이다. 납치, 강압, 사기가 횡행했다. 인도의 대영제국 관료들에겐 노동자 이주의 자발성을 확인하라는 명령이 떨어졌지만, 대부분의 아시아인 노동자들은 자신들이 진입하고 있는 세계가 어떤 곳인지를 잘 몰랐다. 특히 중국 노동자들의 경우, 자발적/비자발적 이주 간의 경계를 가리기가 힘들었다. 외부인은 좀처럼 접근하기 힘든 상업적·혈연적 연결 관계로 얽혀 있었기 때문이다. 그러나 연기계약노동이 얼마나 큰 착취였는지는 논쟁의 여지가 없다. 인도인, 중국인 '쿨리' 노동자들의 선상船上 사망률은 대서양 노예 운반선의 사망률보다는 낮았지만, 아메리카 대륙으로 건너온 유럽인들의 사망률과는 비교할 수 없을 정도로 높았다. 잘못된 관리 감독, 과다한 인원 탑승, 불량한 위생 상태, 식량 부족, 물 부족, 의료 처치 미비 등이 가져온 결과였다. 상륙 후의 상황은 더 심각했다. 노동 현장에서 아시아 노동자들의 사망률과 영양실조율, 질병 발생률 등은 충격적이리만치 높았다. 이주 과정에서 박탈된 자유, 이주지에서 겪은 학대 등은 디아스포라가 유용한 분석 범주임을 의미한다.

디아스포라의 관점에서 이주 역사에 접근하면, 여러 이주 형태들 사이의 구분이 명확하게 나타난다. 그러나 이주 과정은 이야기의 시작일 뿐이다. 해외에 정착한 이주민들은 서로 간에 새로운 관계를 만들어 낸다. 또 고국과의 관계에서, 이주지에서, 다른 이주지에 사는 같은 배경의 사람들과 관계망을 형성한다. 이주의 형태와 상관없이 디아스포라 감각이 새로운 공동체 안에서 만들어진 관계들로부터 출현할 수 있다. 교과서적으로 이주의 역사에 접근하면 같은 쪽으로만 오가는 이동이나 관계에만 집중하게 된다. 한 국가에서 다른 국가로의 이주, 이주한 사람들이 고국에서 벌어지는 일들과 맺는 관련성 등이 그 예이다. 그러나 디아스포라 개념은 이주민들과 그 후예들이 형성하는 관계의 여러 유형들을 더 풍부하게, 더 다면적으로 이해하는 길을 제공한다. 여기에서 가장 흥미로운 대목은, 그 관계망들이 새로운 전 지구적 네트워크 속에서 공통 기원을 갖는 흩어진 공동체들을 결합시키면서도 단선적이지 않고 다극화되어 간다는 점이다.

모든 디아스포라 의식은 실제든 상상이든 고향과 연결되어 있다. … 디아스포라는 세계 곳곳에 퍼져 있는 같은 기원을 가진 사람들을 연결하고 그 관계를 강화시키는 정치적·문화적 실천이다.

추방, 망명, 소외는 디아스포라의 핵심 용어이다. 어떤 이주민들은 아프리카인들처럼 강제로 끌려왔다. 다른 이주민들은 아시아 계약노동자들처럼 자유를 심각하게 제약당했다. 근대 이후 이주한 유럽인들은 대체로 자유로운 상태였지만, 아일랜드인들은 추방과 망명에 큰 의미를 부여했다. 강제이주를 당한 사람들, 이주가 선택이 아닌 강요였다고 믿은 사람들은 새로 정착한 나라에서도 가장 심각한 차별과 소외, 배제를 경험했다. 그래서 그들은 끊임없이 뿌리 뽑힌 자신들의 처지를 곱씹었다. 디아스포라 의식을 자라게 한 것은 무엇보다도 인종차별이었다.

하지만 현실적으로 이주민들은 그 땅에서 계속 살아가야 했다. 떠날 수 있었다면 디아스포라 의식은 확장되거나 지속되지 못했을 것이다. 선지자 예레미야는 바빌론의 유대인들에게 이런 말을 전했다. "너희는 집을 짓고 거기에 살며 텃밭을 만들고 그 열매를 먹으라. … 너희는 내가 사로잡혀 가게 한 그 성읍의 평안을 구하고 그를 위하여 여호와께 기도하라. 이는 그 성읍이 평안함으로 너희도 평안할 것임이라."(예레미야서 29장 5-7절, 개역개정) 디아스포라 상태에 있는 자들이 어디를 가더라도 새로운 삶을 개척하는 모습의 근원이 여기에 있다. 타국에 머무른다고 해서 떠나온 곳, 언젠가 돌아가기를 꿈꾸는 그곳을 잊는다는 뜻은 아니다. 이주자들이 타지에서 서로 간에, 고국과의 사이에, 세계에 흩어진 디아스포라 동포들과의 사이에 만들어 낸 관계망의 중심에는 실제든 상상이든 원래 속해 있었다고 믿는 곳에 대한 애착이 자리하고 있었다.

바빌론 강가에서

전설적인 공중정원이 있던 바빌론은 고대 세계에서 가장 휘황찬란한 도시였다. 바빌론은 현재의 이라크 지역인 유프라테스 강 유역에 있었다. 〈창세기〉에 나오는 바벨탑도 여기에 있었을 것이다. 바벨탑이 언급되는 대목은 대홍수 이후 세대들이 겪은 디아스포라를 보여 주는 원형적인 이야기이기도 하다. "여호와께서 이르시되 이 무리가 한 족속이요 언어도 하나이므로 … 자, 우리가 내려가서 거기서 그들의 언어를 혼잡하게 하여 그들이 서로 알아듣지 못하게 하자 하시고 여호와께서 거기서 그들을 온 지면에 흩으셨으므로 그들이 그 도시를 건설하기를 그쳤더라."(창세기 11장 6-8절, 개역개정) 기원전 586년, 유대 역사상 결정적인 사건이 벌어졌다. 최초의 성전이 파괴되고 유대인 지도층이 어디론가 포로로 잡혀간 것이다. 그곳이 바로 바빌론이었다.

히브리(이스라엘) 문서에 바빌론은 부정적으로 묘사된다. 〈시편〉 137편은 추방당한 자의 슬픔을 노래한다. "우리가 바벨론의 여러 강변 거기에 앉아서 시온 | 예루살렘을 내려다보는 언덕이자 예루살렘의 상징 | 을 기억하며 울었도다. 그중의 버드나무에 우리가 우리의 수금을 걸었나니, 이는 우리를 사로잡은 자가 거기서 우리에게 노래를 청하며 우리를 황폐하게 한 자가 기쁨을 청하고 자기들을 위하여 시온의 노래 중 하나를 노래하라 함이로다. 우리가 이방 땅에서 어찌 여호와의 노래를 부를까?"(시편 137편 1-4절, 개역개정) 오늘날 바빌론은 거대한 도시의 대명사로 쓰이지만, 한편으로는 추방과 소외, 절망을 의미한다. 그리하여 바빌론은 유대 역사뿐 아니라 디아스포라 개념을 받아들인 여러 집단에게도 같은 의미를 갖게 되었다. 예컨대 라스타파리 운동 | 1930년대 자메이카에서 시작된 인권·종교·문화운동. 에티

향했다ㅣ 의 신자들은 바빌론을 서구, 혹은 '노예를 부리는 땅'이라는 의미로 쓴다. 바빌론이 물리적 장소가 아니라 소외와 배제를 낳는 조건을 가리키는 말로 쓰인 것이다. 그 조건이란 유대 역사의 중심 주제이자 디아스포라가 제공하는 해석의 틀로 접근해야 하는 대상이다.

1840년대의 대기근이 드리운 아주 긴 그림자 아래에서 전개된 아일랜드인 이민의 역사는 고국에서 추방당했다는 확신과 떼어 놓고 보기 어렵다. 사실이든 아니든 19세기에 많은 아일랜드계 이주민들은 살던 곳에서 쫓겨났다고 생각했고, 그 때문에 고향에 더 큰 애착을 품었다. 편견과 차별은 불만을 가중시켰다. 영어를 사용했으므로 현지에 쉽게 동화될 수 있었지만, 아일랜드 사투리는 놀림감이었다. 영국·미국·오스트레일리아에서 아일랜드인은 가난하고, 폭력적이고, 로마 가톨릭을 믿는다는 이유로 폄하되었다. 원래 모자란 족속이라고 경멸하는 단어나 이미지도 심심찮게 등장했다. '짐승 같은 놈들'이라는 편견이 아일랜드인의 개성이나 지적 능력을 대표하는 이미지로 받아들여졌던 것이다.

그렇지만 근래 들어 일부 역사가들이 주장하는 바처럼 그런 편견을 아프리카계, 아시아계 미국인들이 겪어야 했던 인종차별과 같은 선상에서 논의할 수는 없다. 아일랜드 이주자들은 미국에 자유롭게 들어왔고, 아무런 제한 없이 이사했으며, 귀화해서 시민이 되었고, 투표하거나 배심원이 되거나 법정에서 증언할 수도 있었고, 소송을 거는 일도 가능했다. 단순한 우월주의나 편협성과는 다른, 말 그대로의 인종차별을 겪은 아일랜드인은 없었다. 따라서 전 세계의 아일랜드인을 극심하게 억압당한 디아스포라 집단 범주에 넣기는 어려워 보인다. 그러나 19세기에 해외로 흩어져 편견과 싸워야 했던 상황이 아일랜드인들의 추방자 의식을 강화하고 지속시킨 것은 분명한 사실이다.

아프리카인들이 당한 추방과 차별은 절대적이다. 강제이주가 낳은 대서양 횡단은 그 규모나 잔인성에서 비교할 만한 대상이 없다. 이해 못할 시련에 휘말린 노예들과 그 후손들은 결국 구약성경에서 안식처를 찾았다. 〈출애굽기〉는 노예 상태에서 벗어나 해방을 쟁취하는 가슴 벅찬 이야기였다. 아프리카인 디아스포라 의식은 스페인어나 포르투갈어를 쓰는 남미 지역보다는 카리브 제도나 북미에서 더 강렬하게 표출되었다. 남미에서는 노예들의 사망률, 주인이 노예를 해방시켜 준 비율, 다른 인종과의 결혼 비율 등이 모두 더 높았고, 그 때문에 아프리카계 사회의 성격이 달랐다. 두 지역의 디아스포라 의식에 온도 차가 생긴 이유이기도 하다. 하지만 영어를 사용한 카리브 제도나 미국의 신교도 문화가 가톨릭 문화보다 성경, 특히 구약성경에 관한 지식을 익히도록 강조한 것도 그 원인 중 하나이다. 한편 아이티는 프랑스어권에 속했지만, 1804년 프랑스에서 독립해 카리브 제도의 첫 번째 독립국가가 되면서 아프리카계 후손들의 피난처 역할을 했다.

아프리카인들은 대서양 노예무역 탓에 흑인종이라는 하나의 인종으로 규정되었다. 그래서 이들이 원래부터 동일한 집단이었다고 생각하기가 쉽다. 이 가정을 뒷받침하는 유일한 증거는 피부색이 검다는 것인데, 이는 전혀 근거가 될 수 없다. 노예들은 아프리카 여러 지역에서 왔다. 서로 말도 통하지 않았고, 다른 종교를 믿었고, 문화적·정치적 관습도 전혀 달랐다. 유럽인이나 미국인들은 피부색 때문이 아니라 돈을 벌고자 그들을 노예로 만들었다. 인종 개념은 아무 의미 없는 멜라닌 색소에 사회적 의미를 부여해 착취를 정당화하려고 만들어진 것이다. 인종은 선택이 아닌 강요였고, 아프리카인들의 삶을 결정짓는 조건이 되었다. '노예자산chattel slavery'은 그 극점을 보여 주는 표현이다. 인간을 자산의 형태로 바꿔 놓아 그들의 권리를 모두 빼앗고 주체성과 정체성을 무너뜨렸다.

이 유례없는 경험에서 아프리카 민족, 아프리카인 디아스포라가 출현했다. 미국의 학자이자 운동가였던 W. E. B. 두 보이스Du Bois가 지적한 것도 이 부분이다. 카리브 제도와 미국에서 끔찍한 노예제를 겪으면서, 흑인들은 처음으로 아프리카가 하나의 땅이고 아프리카인들은 어디에 있더라도 한 민족이라고 생각하기 시작했다는 것이다. 세계 각국에 흩어진 아프리카인들이 비슷한 정서를 얼마나 공유하고 발전시켰는지는 잘 알려져 있지 않다. 이 부분은 더 많은 연구가 필요하다.

아메리카 대륙으로 건너온 아시아계 노동자들의 역사에서도 인종과 추방은 핵심 요소이다. 미국에서는 중국계 이주노동자들이 아일랜드인 노동자나 미국인 노동자에게 폭행당하는 일이 빈번했다. 1882년, 중국인의 이주를 전면 제한하는 연방법이 제정되었다. 연방 귀화법에 따라 20세기 중반까지 아시아 이주자들은 미국 시민이 될 수 없었다.

힌두교 신자들은 고향을 향한 그리움을 종종 열렬하게 표현했다. 인도의 위대한 두 서사시 중 하나인 《라마야나Rāmāyana》｜《마하바라타》와 함께 세계에서 가장 긴 서사시로 꼽히는 기원전 2세기경의 시｜는 인도인 디아스포라의 중심 텍스트이다. '라마의 여행'이라는 뜻의 《라마야나》는 비슈누 신의 화신인 왕자 라마의 여정을 그리는데, 숲 속으로 추방당한 라마가 악마 라바나 왕과 혈투를 벌인 끝에 예언된 승리를 거두고 귀환하는 것이 중심 줄거리다. 16세기에 시인 툴시다스가 원래 산스크리트어로 되어 있던 원전을 힌디어로 다시 쓴 이후, 이 서사시는 인도 안팎을 가리지 않고 폭넓게 사랑받는 작품이 되었다. 지금도 영국이나 미국의 중산층 이주민들이 손님 앞에서 이

작품을 읽어 주는 등 트리니다드, 피지, 남아프리카, 수리남, 기아나, 말레이시아에 이르기까지 힌두교인들이 있는 곳이면 어디서든 툴시다드판《라마야나》시구들이 낭송된다.

《라마야나》가 해외 인도인들에게 사랑받는 이유는 무엇일까? 일단 중심 테마인 추방과 귀환, 그리고 행복한 결말이 누구에게나 매력적으로 다가간다. 줄거리는 단순하고 플롯과 등장인물들의 성격도 이해하기 쉽다. 선과 악의 대결은 권선징악으로 깔끔하게 끝맺는다.《라마야나》는 근엄한 철학적 형식과는 거리가 먼 대중적인 힌두교 텍스트이다. 다른 고대 종교 텍스트들과는 다르게 카스트 제도가 전면에 드러나지 않아 어느 계급에서나 환영받았다. 가장 인기 높은 캐릭터인 원숭이신 하누만은 인간들 사이를 가르는 구분을 무화시키는 역할을 했다. 그러나 근본적으로《라마야나》는 개인 간의 관계, 부모의 책임과 역할, 결혼, 왕의 역할 등에서 다르마dharma(의무)를 강조하는 매우 보수적인 작품이다. 이주로 인해 가족이 무너지고 세계가 혼란해진 와중에,《라마야나》는 향수병에 시달리는 전 세계 인도인들을 위로해 주었다.

인도계 영국 소설가 V. S. 나이폴Naipaul의 조상들은 연기계약 노동자로 트리니다드 섬에 왔다. 그는《비즈와스 씨의 집A House for Mr Biswas》(1961)에서 뿌리 뽑힌 자들의 의식을 포착해 냈다. 매일 저녁, 노인들은 하누만 저택의 회랑에 모인다. 이 소설은 대부분이 저택을 배경으로 진행된다(저택의 이름은 《라마야나》의 원숭이신에서 딴 것이다). "그들은 이 시간을 위해 살아갔다. 영어도 말할 줄 모르고 지금 사는 땅에도 관심이 없었다. 잠깐 머물다 갈 곳이었지만 예정보다 오래 살게 된 땅일 뿐이다. 그들은 계속 인도로 돌아가자고 말해 왔다. 하지만 기회가 오면 대부분 거절했다. 이젠 잘 알지 못하는 곳이 두려워서, 친숙한 모든 임시적인 것들을 떠나는 것이 두려워서." 그래서 저녁 모임은 계속된다. "그들은 튼튼하고 익숙한 이 저택의 회랑에 모였다. 담배를 피우고, 이야기를 나누고, 그리고 인도에 관해 말하기를 멈추지 않았다." 노인들은 돌아갈 수 없다는 것을 알기 때문에 더 돌아가고 싶어 한다. 그리고 더 이상은 돌아갈 수 없다는 사실에서 위안을 얻는다. 그전에도 이후에도 수많은 이주자들이 그러했듯이, 이 노인들은 해외의 고향에서 살고 있다.

우리가 거기 앉아서

추방이나 망명의 문제로 유대인 디아스포라를 기술하게 되면, 세계 곳곳에서 유대 문화가 번성한 사실을 무시하게 되기 쉽다. 역경을 겪으면서도 유대인들은 경제적으로나 문화

적으로 번영했다. 팔레스타인으로 돌아가기를 기대하거나 원하는 일은 드물었다. 유대인들이 한데 모이는 것은 인간의 힘이 아니라 신께서 하실 일이었다. 그날이 올 때까지 유대인은 토라Torah |유대 교 율법|의 가르침을 따르며 구원을 예비해야 했다.

기원전 586년의 성전 파괴는 끔찍했지만, 유대 문화가 무너진 것은 아니었다. 오히려 정반대였다. 기원전 515년경에 완성된 두 번째 성전을 건축하러 일부 추방자들이 예루살렘으로 돌아온 이후에도 바빌론은 유대 문화의 중심지로 남아 있었다. 그리스와 로마의 전성기 시절, 팔레스타인으로 돌아올 수 있었던 유대인들이 실제로 귀환하는 경우는 드물었다. 종교적인 문제를 제외하면, 그들이 이주지에 머물러야 할 경제적·사회적·문화적인 이유는 많았다. 알렉산드리아부터 사르디스에 이르는 여러 그리스 식민도시에서 유대인들은 경제적으로 번영했고, 정치적인 자율성을 누린 데다 그들만의 유대교 회당, 목욕탕, 묘지, 모임, 학교를 유지하고 있었다. 안티오크| 고대 시리아의 수도 |와 다마스쿠스| 현재 시리아의 수도 |는 고대 유대문명과 학문의 중심지였다. 서기 70년 로마가 성전을 파괴한 이후 바빌론은 다시 유대 문화와 지성의 중심지 지위를 회복했다. 3세기에서 6세기 사이에 만들어진 바빌로니아 판본 탈무드는 율법, 윤리, 철학, 역사에 관한 랍비| 유대교 율법학자 |들의 지혜가 담긴 가장 중요한 개론서였다.

구약의 예언자 예레미야가 전한 명령, "너희는 집을 짓고 거기에 살라"는 현재에 이르기까지 유대 역사를 관통하는 중심 사상이다. 중세와 근대 초기까지 유대인들은 팔레스타인에 두고 온 잃어버린 고향만 그리워하며 살지 않았다. 그들은 이베리아 반도와 무슬림 세계 이곳저곳에 뿌리를 내렸다. 19세기 독일의 이른바 동화 유대인들은 사회적·문화적으로 거의 독일 사회에 융화되어 있었다. 러시아와 동유럽에 살던 3백만 명 이상의 유대인들은 1880년 이후 반세기에 걸쳐 미국으로 이주하면서 완전 정착을 목적으로 이민을 택했다. 그들은 러시아로 돌아가거나, 당시 팔레스타인 정착을 시도하던 소수 유대인들 무리에 합류할 생각이 전혀 없었다. 그 전에도 이후에도 유대 이주자들이 그러했듯, 유대인들은 유대인으로 남아 있으면서 이주 지역에 다양한 방식으로 적응해 나갔다.

이민 초기에 적대적인 반응과 마주했던 아일랜드인들은 활기차게 새로운 민족문화를 만들어 나갔다. 특히 미국에서 그런 면모가 두드러졌다. 유대인들처럼 아일랜드계 미국인들은 남녀 성비가 거의 비슷했기 때문에 사회 형성이 용이했다. 월등하게 남자 수가 많았던 동유럽이나 남유럽 출신 이민자들과는 달랐다. 아일랜드인에 대한 편견은 계속 남아 있었지만, 아일랜드인 이민자들은 대기근 후 몇 세대 지나지 않아 주로 대도시에서 경제적으로 발전했고 정치적으로도 어느 정도의 힘을 쌓았다. 아일랜드계 미국인들은 가톨릭 신앙을 고집하면서 문화 다원주의의 한계를 넓혔다. 아일랜드인들은 자기 방식대로, 할 수 있는 만큼 미국인이 되었다. 아일랜드인들은 동화 과정을 한 방향으로 진행되는 강제적인 것이 아니라 상호적인 것으로 다시 정의하였다. 이 시기 이후 미국으로 이주한 사람들은 아일랜드인들의 성과에 큰 도움을 받은 셈이다.

사회적으로 정치적으로 성공했어도 상당수의 아일랜드계 미국인들은 아일랜드의 고통이 모두 영국 탓이라고 여기면서 가슴속 가득한 노여움을 떨쳐 내지 못했다. 아일랜드 이민자들이 여전히 쏟아져 들어오는 상황이었다. 유대인들과 마찬가지로, 아일랜드인들 역시 미국을 떠나 고국으로 돌아가는 경우는 거의 없었다. 유대인이나 아프리카인들과 달리 분명하게 지리적으로 정의내릴 수 있는 고국이 있었지만, 그럴 만한 형편이 돼도 그들은 아일랜드에 돌아가지 않았다. 짧게 방문하는 일조차 거의 없었다. 그랬다면 그들의 민족문화에 핵심으로 자리한 추방자 의식이 약화되었을지 모른다. 그러나 아일랜드계 미국인들은 살고 있는 곳에 만족했다.

아프리카계 사람들은 아메리카 대륙에서 계속 살아가는 것 말고는 다른 수가 없었다. 강제로 고향 땅에서 뽑히고 잘려서 끌려왔기 때문에 새로운 토양에 새로운 문화를 심어야 했다. 아프리카의 어떤 지역에서 왔는지, 도착한 곳이 어디인지, 그곳의 백인과 흑인의 비율은 어느 정도인지 등에 따라 아프리카 문화의 영향이 살아남는 정도와 그들이 새로 만들어 내는 문화의 성격이 결정되었다. 아메리카 여러 곳에 도착한 노예들은 아프리카 여러 곳에서 끌려왔다. 그런데 아프리카 각 지역들은 언어, 경제, 정치 형태가 전혀 달랐다. 미국 역사나 아프리카 노예제 연구자들은 대서양 주변 세계의 문화적 다양성이 어떻게 형성되었는지를 추적했다. 대서양을 건넌 노예들의 35퍼센트는 중서부 아프리카(앙골라와 콩고)에서, 50퍼센트는 아프리카 서부 해안의 세 지역에서 왔다(베냉 만, 비아프라 만, 골드 코스트). 생도맹그와 남미로 간 노예들은 대부분 중서부 아프리카인들이었고, 그중 4분의 3이 브라질로 갔다. 비아프라 만(남부 나이지리아)과 골드 코스트에서 출발한 노예들은 거의 자메이카로 향했다. 서로 다른 네 주요 지역에서 온 노예들은 언어와 문화, 농업 형태, 기술, 정치 구조가 다 달랐다. 그러나 노예제로 겪은 고난과 인종 개념의 도입은 결국 같은 아프리카 출신이라는 정서를 낳았고, 디아스포라 의식 속에서 한 민족으로 뭉치는 결과를 만들어 냈다.

대영제국의 노예제 폐지는 플랜테이션 농업에 심각한 노동력 부족을 야기했다. 제국의 관리들과 밀접한 협력 관계를 유지한 모리셔스와 카리브 제도의 농장주들은 이 문제를 해결하고자 인도인 노동자들을 모집했다. 1833년 영국 의회는 제국 전체에서 노예제 폐지를 결의했지만, 여섯 살 반 이하의 어린이들만 즉각 해방되었다. 나머지 모든 노예들은 6년간의 '견습 기간'에 묶여서 대가 없이 일주일에 40시간을 주인의 명령에 따라 일해야 했다. 영국 정부는 플랜테이션 경제를 보호하기 위한 추가 조치로 노예 소유자들에게 자산 손실 보상금으로 2천만 파운드를 지급했다(물론 엄청난 돈이었지만, 전체 노예들의 시장가격을 합친 금액의 절반에 불과했다). 그러나 노예제를 폐지하면서 농장도 살리기에는 역부족이었다. 노예제도 없이는 수익이 나지 않을 것이라는 공포 때문에 설탕 플랜테이션에 대한 투자 자체가 말라붙었다. 1838년에는 영국령 카리브 제도와 모리셔스에 예정보다 이른 완전한 노예해방이 이루어졌다. 견습제도의 제약에서 풀려난 노예들은 사탕수수가 썩든 말든 서둘러 플랜테이션을 떠났다. 그러나 농장주들은 이미 아시아 노동자라는 대안을 마련해 둔 상태였다.

잔혹한 환경이 아시아 연기계약 이민노동자들을 기다리고 있었다. 아시아 노동자들은 모리셔스에서는 '흑인 수용소', 영국령 기아나에서는 '깜둥이 마을'로 알려진 옛 노예 거주지에 살았다. 모리셔스와 카리브 해에서는 옛날 노예경제의 중심축을 이루었던 사탕수수가 여전히 주요 작물이었다. 쿠바의 중국인 연기계약 노동자들은 도망노예 수용소에서 데려온 노예들과 함께 일했다. 과거 혹은 현재의 노예 소유주들인 농장주들은 감독관이나 중간 관리자를 뒀다. 그들은 대개 아시아인이었고, 일정에 맞추고자 노동자들을 혹독하게 다루었다. 노동자들은 얻어맞고 고문도 당했다. 안전이나 위생 상태는 최악이었다. 작업 중 부상, 영양실조, 비타민 부족, 기생충, 말라리아, 여타 질병 등이 만연했다. 페루의 구아노 광산에서 일한 중국인 노동자들은 아메리카 대륙의 어느 곳에서도 찾아볼 수 없는 끔찍한 환경을 견뎌야 했다. 이들은 오랜 시간에 걸쳐 쌓인 바다 새들의 배설물을 비료용으로 채굴해야 했다. 피지, 나탈, 쿠바, 페루, 모리셔스, 트리니다드… 아시아 계약노동자들이 있는 곳은 어디든지 자살율이 엄청나게 높았다.

해외 생활은 인도인들의 종교적·사회적 관습을 혼란에 빠뜨렸다. 힌두교의 신, 성소, 예배 방법, 식사 관습 등은 특정 장소와 밀접하게 연결되어 있는 경우가 많은데, 인도 바깥에 자리 잡는 과정은 그 연결을 파괴했다. 이주 중의 배 안에서, 또 플랜테이션의 숙소에서 다른 배경을 갖고 있는 이주민들끼리 불편한 동거를 해야 하는 상황은 사회가 오염되면서 카스트|계급제도|가 무너질지 모른다는 공포를 야기했다. 음식과 물을 나눠 먹어야 할 때는 특히 그랬다. 노동자 모집책들은 처음에 이 문제를 해결하려고 단가르족처럼 힌두교의 카스트 제도 바깥에 있는 부족들을 주로 모집했다. 그렇지만 인도인 연기계약 이주 기간을 통틀어 볼 때, 대체로 하층 카스트, 농민 카스트, 장인 카스트, 상층 카스트 모두에서

비슷한 수가 바다를 건너갔다. 더 낮은 최하층 카스트에 속하는 이주민들은 주로 인도 남부에서 왔다. 인도 남부에서는 이들이 인구상 더 많은 비중을 차지했기 때문이다.

해외로 나가게 되면서 인도인들은 배 안에서도 플랜테이션에서도 한데 섞여 살 수밖에 없었다. 카스트 구분이 아예 없어지진 않아도 약해졌다. 제국의 이주민 노동정책은 계급이나 출신 지역에 상관없이 모든 인도인 이주노동자를 동일하게 취급했다. 이 체제의 힘과 효율성은 배식 시스템에서 단적으로 드러났다. 카리브 제도, 모리셔스, 피지 어디서든 모든 노동자는 차, 밥 혹은 빵, 렌틸콩 혹은 채소를 동일한 양으로 할당받았다.

플랜테이션 생활은 가족 관계를 송두리째 뒤흔들어 놓았다. 전통적인 형태의 사생활은 불가능했고, 남자의 수가 여자보다 훨씬 많아서 결혼제도가 설 땅이 없었다. 일부일처제는 여러 비공식적 방식들로 대체됐는데, 한 여자가 여러 남자들을 상대하거나 심지어 남편이 자기의 아내와 딸을 빌려 주는 경우도 있었다. 그 결과, 당연하게도 질투와 불안, 의심, 여성에 대한 폭력과 살인이 횡행했다. 연기노동 기간이 끝난 후에 아시아 이주민의 후손들은 전통적인 가족 관계를 복구하려고 애를 썼다. 여성이 교육, 직장, 결혼을 직접 선택하지 못하는 엄격한 가부장제로 돌아가려는 노력이었다.

아시아 내에서 이주한 중국인과 인도인들은 대체로 짧게 머물렀지만, 아메리카 대륙뿐 아니라 아시아에서도 오래 거주할 터를 잡고 정착한 이들이 많았다는 사실이 묻혀서는 안 된다. 20세기 초반에 트리니다드, 피지, 네덜란드령 기아나(지금의 수리남) 등 아시아 바깥의 먼 섬들에서 인도계 사람들은 인구의 3분의 1 이상을 차지했다. 영국령 기아나, 모리셔스, 레위니옹에서는 절반 이상이었다. 장소에 따라 인도계는 수만 명에서 수십만 명에 달했다. 아시아에서는 영구 거주하는 비율 자체는 적어도 정착자 수는 굉장히 많았다. 이유는 간단하다. 대부분의 아시아 이주자들은 아시아 바깥으로 잘 나가지 않았기 때문이다. 1931년에는 약 1백만 명의 인도인들이 버마에 살았고, 수도 랑군|양곤의 옛 이름|에는 현지인보다 인도인의 수가 더 많았다. 1947년 말레이시아는 3백만 명 정도의 중국인과 60만 명 정도의 인도인이 전체 인구의 절반 정도를 구성했다.

중국인 이주자들은 아시아 전역에 걸쳐서 꽤 큰 규모로 정착했다. 1850년대에 중국인 이주민들의 절반은 아시아 대륙 바깥에 있었지만, 미국과 오스트레일리아가 중국인의 이민을 금지하기 시작한 이후인 1880년부터 1930년대 사이에는 거의 대부분의 중국인 이민이 아시아 내에서 이루어졌다. 특유의 연락망을 잘 활용하면서 2천만 명의 중국인들이 제2차 세계대전까지의 1백 년 동안 싱가포르나 말레이 반도, 태국, 인도네시아, 인도차이나, 필리핀으로 옮겨가 살았다. 오랫동안 한곳에 거주한 화교 엘리트들은 그 사회의 지배층으로 자리 잡았다. 1947년에 인도네시아에는 약 3백만 명의 화교가 살았고, 인도차이나와 태국에는 약 1백만 명이 있었다. 미국의 골드코스트나 뉴욕, 페루와 멕시코에도 작은 규모이긴 했지만 중국인 사회가 형성되었다.

아시아 이주자들은 노동자, 고용주, 공무원, 상인, 선박회사, 숙박업주, 고국 송금 중개인 등이 만들어 낸 거대한 관계망의 일부분이었다. 인도 노동자들의 삶은 본질적으로 대영제국의 맥락 안에 들어가 있었지만, 상인들과 중개업자들이 중요한 연결 고리 역할을 했다. 예를 들어 타밀어를 쓰고 남아시아에서 상업과 은행업에 종사한 체티chettiar 카스트 | 인도의 카스트 제도는 피부색이나 직업에 따라 크게 승려계급인 브라만과 군인·통치계급인 크샤트리아, 상인계급인 바이샤, 천민계급인 수드라, 불가촉천민으로 나뉘는데, 각 계급별로 다시 수많은 하위 카스트가 있다. 체티 혹은 체티아는 바이샤 계급의 하위 카스트 중 하나로 주로 무역업 종사자들이다. | 사람들은 신용도가 낮게 평가되어 유럽 은행에서 돈을 빌릴 수 없는 지역 고용주에게 자금을 융통해 주는 방식으로 그 지역의 인도인 이주를 재정적으로 뒷받침했다. 가족, 친족, 방언, 지역에 기초한 중국인 관계망은 이주에 드는 경비를 대출해 주는 일 말고도 직장이나 집을 알아보는 이들에게 정보를 제공하는 역할도 했다. 19세기 말, 중국 정부는 이주민들이

〈뉴욕의 외국인들-중국인 거리, 모트 스트리트〉, 1896년 뉴욕의 시사지 〈하퍼스 위클리Harper's Weekly〉 삽화.

고국에 재정적·정치적 지원을 해 줄 수 있는지를 타진하면서 해외 중국인 사회와 관계를 맺으려 했다. 실제로 해외 동포들의 원조는 20세기 중국과 인도의 역사에서 중요한 역할을 하게 된다.

시온을 기억하며

모든 디아스포라 의식은 실제든 상상이든 고향과 연결되어 있다. 고향 땅은 이민자들과 그들의 조상이 떠나온 곳을 의미하는 경우가 많다. 어떻게 보면 고향이 없기 때문에 고향이라는 개념에 더 강렬하게 집착하는 것인지도 모른다. 디아스포라는 민족주의의 원천이다. 기본적으로 이주자 사회는 고향을 돕고자, 고국이 외세의 지배에서 벗어나 독립 민족국가를 건설하도록 지원하고자 한다. 한 마디로, 디아스포라는 세계 곳곳에 퍼져 있는 같은 기원을 가진 사람들을 연결하고 그 관계를 강화시키는 정치적·문화적 실천이다.

거의 2천 년 동안 유대인 국가가 없었던 유대인들은 모국母國이랄 것이 없었다. 따라서 그들의 디아스포라 의식은 비관적이지 않았다. 오히려 모국 없이도 수많은 국가에서 정상적인 삶을 살아가는 독특한 민족이라는 자부심이 있었다. 바빌론이 고대 유대 지식인들의 보금자리였듯이, 스페인과 포르투갈은 종교재판소 설치 이전까지 유대 문화의 황금기가 열렸던 곳이다. 당연히 귀환에 대한 갈망보다는 철학과 예술에 대한 독창적인 접근이 유대 문화의 주조를 이루었다. 특히 근대 들어 중부 유럽과 동유럽의 많은 유대인들은 유랑 상태를 한탄하는 데에 그치지 않고 디아스포라의 창조적 면모를 유감없이 발휘했다. 유대인들이 과거 이룬 성취만큼은 아니어도, 미국 유대인들이 보여 준 놀라운 성과는 특정 지역에 뿌리내리고 꽃을 피운 디아스포라 문화의 가장 최근의 사례라고 할 수 있다.

유대인처럼 아일랜드계 미국인들의 귀환율도 극히 낮았다. 이 특징은 수백만에 이르는 아일랜드인들이 오로지 영국의 악랄한 식민 통치 때문에 바다를 건넌다는 믿음을 뒷받침했다. 아일랜드 민족주의는 영국의 제도 안에서 점진적이고 평화로운 변화를 꾀해야 한다는 온건파, 필요하다면 무력을 써서라도 즉각 독립해야 한다는 공화파, 정치 개혁만이 아니라 전면적인 사회 개혁이 필요하다는 소수 급진파 등 다양한 면모를 보였다. 19세기에 일어난 아일랜드인의 해외 이주가 워낙 큰 규모였기 때문에 서로 다르면서도 비슷한 면모를 보인 아일랜드 민족주의 분파들은 아일랜드를 넘어 영국, 북아메리카, 오스트레일리아로 퍼져 나가면서 서로 연결되었다. 찰스 스튜어트 파넬, 에이먼 데 벌레라 등의 아일랜드 민족주의 지도자들은 미국을 순회하며 자금을 모으고, 아일랜드 공화국 성립을 지지하는 여론을 조성했다. 뉴욕은 전 세계 아일랜드 공화파들의 거점이 되었다. 미국의 아일랜드 민족주의자들은 오스트레일리아에 잡혀 있던 정치범의 탈옥을 도왔고, 영국 도시에 대한 폭탄 공격을 모의했다. 보스턴·런던·시드니·더블린의 민족주의 지도자, 언론인, 문학인들은 아일랜드 해방을 위해 국제적으로 소통했다.

이 '디아스포라 민족주의'는 고국에만 초점을 맞춘 것이 아니라, 이주지에서 사회적·정치적으로 발전할 수 있는 수단을 마련해 주었다. 해외의 아일랜드 민족주의자들은 당연히 아일랜드 독립을 위해 싸웠다. 하지만 더 구체적인 문제로 들어가면 현지에서 인정받고 성공하려는 마음도 컸다. 아일랜드계 미국인이건 아일랜드계 오스트레일리아인이건, 독립이 그들의 지위를 향상시켜 줄 것이라고 믿었다. 그래서 민족주의적 목표를 위해 뭉치는 행동이야말로 그들을 낮잡아 보는 사람들에게 아일랜드인의 높은 정치적 감각과 시민권 자격을 입증해 준다고 생각했다.

인도인과 중국인도 비슷한 생각이었다. 국내외 아시아 민족주의 지도자들은 '쿨리' 노동자들이 그토록 참혹한 상황에 처한 것은 자국에 대한 국제적인 저평가 때문이라고 보았다. 1905~1906년, 상하이의 중국 상인들은 캘리포니아의 중국 동포 푸대접에 항의하는 뜻으로 미국 상품 불매운동을 벌였다. 이 운동은 곧 동남 아시아의 다른 항구도시들로 번져 나갔다. 인도에서는 대영제국의 이주노동자 학대에 항의하는 정치 시위가 일어나, 1910~1917년 사이에 단계적으로 연기계약노동 체제가 폐지되는 결과를 낳았다. 이처럼 20세기 인도와 중국의 민족주의 운동은 해외 원조에 크게 의지했다.

원래 살던 곳에서 완전히 단절된 아프리카계 이주민들은 '잃어버린 고향'이라는 주제를 문화적·정치적으로 풍부하게 표현해 냈다. 아프리카 개념은 아프리카 밖에서 나타났다. 자신의 지역과 국가, 마을에 살다가 끌려온 노예들에게 아프리카는 전혀 의미 없는 단어였다. 올라우다 에퀴아노Olaudah Equiano | 18세기 식민지 시대에 등장한 나이지리아 태생의 영국 흑인 작가 | 의 사례는 이를 단적으로 보여 준다. 그는 노예로 잡혀가 자유인으로 풀려난 후 미국, 카리브 해, 영국, 프랑스, 스페인, 포르투갈에 이르는 대서양 세계를 돌아다닌 인물이다. 에퀴아노가 1789년에 펴낸 자서전 | 《재미있는 이야기The Interesting Narrative of the Life of Olaudah Equiano, or Gustavus Vassa, the African》 | 에는 그가 점차 자아에 눈떠 가는 이야기가 담겨 있다. 아프리카의 한 지역에서 태어나 그 지역민으로 살아가던 소년이 끔찍한 노예 생활을 거친 후 자신이 아프리카인임을 깨닫고 대서양 디아스포라로서의 정체성을 구축하는 과정이 자서전에 담겼다. 그리하여 에퀴아노는 기독교의

영향을 받아 '아프리카인다운 것Africanness'이 자신의 민족을 구원하리라는 생각에 도달한다.

세계로 흩어진 아프리카인들의 처지를 디아스포라의 범주 안에서 이해하려는 사람들은 종종 〈시편〉 68편 31절을 인용한다. "고관들은 애굽(이집트)에서 나오고 구스(에티오피아)인은 하나님을 향하여 그 손을 신속히 들리로다"(시편 68편 31절, 개역개정). 이 구절은 다양한 해석이 여럿 나올 만큼 모호하다. 에티오피아 정교회 신자들은, 그리고 한참 후이긴 하지만 라스타파리 운동의 신자들도 이 시 구절이 언약궤(〈출애굽기〉에 나오는, 십계명이 새겨진 석판이 들어 있었다는 상자)가 예루살렘에서 에티오피아로 옮겨졌고, 신이 부여한 사명도 함께 건너왔음을 의미한다고 믿었다. 덴마크령 서인도제도의 세인트 토마스에서 태어난 에드워드 블라이든Edward Blyden도 저서에 〈시편〉 68편 31절을 자주 인용했다. 아프리카인들이 흩어지게 된 것이 세계사에서 얼마나 중요한지를 강조하고, 뿌리 뽑힌 자들이 아프리카라는 개념을 중심으로 뭉쳐야 한다고 역설하기 위해서였다. 피부색 때문에 여러 신학교에서 입학을 거부당한 블라이든은, 1850년 라이베리아로 갔고 나중에 그 나라에서 가장 저명한 외교관이 되었다. 19세기의 다른 흑인 지도자들도 〈시편〉 68편 31절이 아프리카가 곧 이룩할 경제적·정치적·문화적 부흥을 예고한다고 해석하고, 예전의 노예들이 기독교 신앙을 품고 아메리카 대륙에서 돌아오면 그 부흥이 앞당겨질 것이라고 여겼다. 아프리카가 내리막길을 걷게 된 것은 기독교를 받아들이지 않아서이다. 이제 새로 태어난 기독교적 아프리카 문명은 그 실수를 만회하고 마침내 세계를 지배할 것이다.

상대적으로 에퀴아노나 블라이든보다는 덜 알려졌지만 디아스포라 개념을 더 적극적으로 아프리카와 연결시킨 사람들이 있다. 에퀴아노 등과 비슷한 시기에 등장한 이들은 '디아스포라'라는 말을 대서양 노예무역 서술에 직접 사용했다. 《미국 문명과 흑인 American Civilization and the Negro》(1916)을 쓴 찰스 빅터 로만Charles Victor Roman은 대서양 '중간 항로'를 가리켜 디아스포라라고 칭했다. 어떤 사람들은 20세기 초반에 시작되어 제2차 세계대전 시기까지 계속된 아프리카계 미국인들의 '대이주'를 미국 남부라는 이집트에서 북부의 약속된 땅으로의 탈출로 비유했다. 그러나 1950년대나 60년대까지는 디아스포라가 아프리카계 사람들의 경험이나 처지를 가리키는 말로 폭넓게 쓰이진 않았다. 이때까지는 주로 미국, 그리고 영국 식민지였던 카리브 제도의 일부 경우에만 특정하여 디아스포라라고 했다.

아프리카와 카리브 해가 식민지 상태에서 벗어나고 있는 와중에도 미국 남부는 인종분리를 강제하는 짐 크로우 법과 흑인에 대한 린치, 흑인 선거권 박탈을 고집하고 있었다. 미국이 소련의 위협에 맞서 세계 자유를 수호하는 횃불임을 자임하는 상황에서 미국의 인종정책은 처치 곤란한 골칫거리였다. 마침내 아래에서부터 강력한 저항을 펼친 민권운동의 결과로 1960년대 중반에 짐 크로우 법(1876~1965)이 불법화되고, 아프리카계 미국인들의 투표 권리도 보장되었다. 마틴 루터 킹을 비롯한 민권운동 지도자들은 아프리카계 미국인들이 미국 전체를 구원할 선택받은 민족이라고 보았다.

흑인들이 아프리카, 카리브 해, 미국 등 세계 곳곳에서 인종차별과 식민화에 맞서 연대 투쟁을 벌인 덕분에 디아스포라는 모든 관련 사안들을 강력하게 통합하는 테마로 떠올랐다. 운동가, 학자, 작가, 예술가들은 이 개념에 기대어 아프리카에서 벌어진 노예사냥, 대서양 중간 항로를 이용한 노예 수송, 미주 대륙의 세습 노예제, 다가올 구원을 향한 희망 등을 눈을 뗄 수 없을 만큼 강렬한 이야기로 풀어 놓을 수 있었다. 디아스포라는 노예들이 아프리카를 어떻게 기억했는지, 그 지역에서 혹은 전 세계적으로 다른 아프리카계 사람들과 어떤 방식으로 연대해 나갔는지, 그리고 실제로든 상징적으로든 조상들의 땅으로 어떻게 귀환했는지를 탐구하는 기본 틀을 제공했다.

시온의
노래

지식인들이 전 세계 아프리카인들의 역사를 설명하면서 '디아스포라'라는 말을 쓰기 시작하기 훨씬 전부터, 노예들과 그 후손들은 아프리카를 기억하고 상상하는 다양한 문화 양식을 만들어 갔다. 노예들 사이에 퍼졌던 가장 가슴 아픈 믿음은, 자살하면 날개가 생겨서 아프리카의 고향으로 돌아간다는 이야기다. 아프리카 출신 주술사들은 플랜테이션 내에서도 백인들까지 좌지우지할 만큼 문화적으로 꽤 큰 권위가 있었다. 플랜테이션에서 불린 많은 노래들은 언어나 내용만이 아니라 그 형식도 아프리카에서 유래한 경우가 많았다. '부름-응답' 구조가 좋은 예이다. 여러 연주자가 서로 다른 부분을 연주하거나 노래하면서 다음 소절을 맡은 사람이 앞 소절에 대응하거나 대답하는 이 형식은 오늘날에도 재즈, 리듬앤드블루스, 레게음악에서 쉽게 찾아볼 수 있다. 사하라 사막 이남의 아프리카 국가들에 퍼져 있던 부름-응답 형식이 노예들을 따라 아메리카 대륙으로 건너온 것이다. 노예들은 들판에서 일하면서 이 형식으로 노래를 부르고, 노예주들이 들으면 안 되는 비밀 이야기도 이런 형식의 노래로 전달했다. 종교의식에도 꼭 필요했던 부름-응답 형식은 19세기 들어 노예들 대부분이 기독교 신자가 된 이후에도 교회 예배음악에 계속 살아남았다. 시계 반대 방향으로 돌면서 춤추고 노래하는 형식인 링 샤우트 ring shout도 아프리카에서 기원한 문화이다. 대서양 주변 세계 어디를 가도 링 샤우트를 하는 모습을 볼 수 있었다. 그 외에도 아프리카 문화는 직물 모양과 퀼트 무늬, 목공, 바구니 짜기 등 노예들의 민속예술에 선명한 흔적을 남겼다.

노예들의 종교는 아프리카와 유럽의 혼합 형태였다. 19세기 노예들의 종교 체계는 아프리카에서 유래한 것이 거의 없었다. 라틴아메리카에서는 로마 가톨릭, 미국에서는 여러 개신교 분파가 종교의 중심을 이루었다. 다만, 노예들은 아프리카 종교 개념과 의식을 기독교와 합쳤다. 기독교에서 말하는 '성령이 임한 자'를 아프리카의 '신들림' 같은 것으로 받아들이는 식이었다. 연구자들은 춤, 비명, 몸 흔들기, 경련, 기절 등 여러 형태의 종교적 황홀경이 아프리카의 종교의식에서 기원한 것으로 보고 있다.

카리브 해 일대의 영어권 지역에서는 기독교를 믿는 노예들이 저주를 걸거나 악령과 주술에 맞서는 초자연적인 힘을 신봉하는 일이 흔했다. 하늘의 신과 더불어 조상신도 숭배한 컨빈스convince 나 쿠미나kumina | 아프리카계 자메이카 혹은 카리브 사람들의 종교 | 는 여러 신격을 믿으면서 기독교의 하느님도 의례에 포함시켰다. 약초를 써서 악령에 대항하거나 다른 신령을 불러들이는 보둔Vodun 혹은 부두 Voodoo의 전통은 아이티나 미시시피 하류 지방에까지 널리 퍼져

있었다. 브라질에서 칸돔블레Candomblé로 통칭되는 아프리카 종교 전통을 체계화한 것은 나소이스naçòes, 즉 종족 혹은 민족 집단들이다. 쿠바의 산테리아Santería나 트리니다드의 샹고Shango 역시 기독교와 아프리카 전통이 혼합된 신앙 형태였다.

조직 체계를 중시한 미국 개신교에서는 다른 국면이 펼쳐졌다. 미국 독립전쟁(1775~1783) 시기에 남부 흑인들은 윌리엄스버그, 버지니아, 그리고 사바나와 조지아에 아프리칸 침례교회를 세웠다. 1792년에는 필라델피아 감리교회의 흑인 교인들이 흑백 좌석 분리에 반발해 따로 교구를 만들었다. 1794년, 리처드 앨런과 앱설롬 존스의 지도 아래 필라델피아에는 베델 아프리칸 감리교회(AME)가 만들어졌다. 여기서 '아프리칸'은 '흑인'과 같은 의미였을 뿐이지만, AME의 지도자들은 폴 커프Paul Cuffe의 노선을 강력하게 지지했다. 폴 커프는 매사추세츠 주에서 선장으로 일한 부유한 아프리카계 미국인이자 퀘이커 교도로, 아프리카 흑인들의 미국 이민을 독려했다. 커프는 미국의 흑인들이 아프리카에 공동체를 만들면 기독교와 상업을 전파할 것이라고 보았고, 그 결과 대서양 양쪽의 아프리카인들이 해방되고 아프리카 민족이 다시 하나로 뭉칠 것이라고 믿었다.

20세기 들어 아프리카인의 통합과 연대를 내세우는 새롭고 강력한 사상, 범아프리카주의Pan-Africanism가 등장했다. 범아프리카

주의에는 이질적인 여러 갈래가 있었다. 1868년 매사추세츠 주에서 태어난 W. E. B. 두 보이스는 아프리카계 미국인뿐 아니라 모든 아프리카인의 해방운동을 선두에서 이끈 지식인이었다. 그는 역사 연구와 사회 비판을 넘어 정치적인 행동까지 모두 아울렀다. 1909년에는 전미흑인지위향상협회National Association for the Advancement of Colored People(NAACP)를 공동 창립했고, 1919년 파리, 1921년 런던, 1927년 뉴욕, 1945년 맨체스터에서 열린 범아프리카 회의를 지원했다. 그러나 그는 결국 미국에 환멸을 느끼고 미국 시민권을 버린 후 가나로 이주했다. 두 보이스가 사망한 1963년 8월 27일은 워싱턴 행진 | 워싱턴 D. C.에서 벌어진 대규모 흑인 민권운동 행진으로, 이때 마틴 루터 킹 목사가 링컨기념관 앞에서 "나는 꿈이 있습니다"를 반복해 강조하는 유명한 연설을 했다 | 바로 전날이었다.

　마커스 가비는 두 보이스와 비슷한 목표를 가진 사람이었지만, 기질이나 전략 면에서 아주 달랐다. 1887년 자메이카에서 출생한 가비는 런던에 머물면서 만국흑인진보연합The United Negro Improvement Association(UNIA)을 결성한 후, 1916년 미국으로 옮겨가 할렘에 본부를 뒀다. 가비는 당시 국제적으로 펼쳐진 민족주의 운동인 아일랜드 해방운동, 시오니즘 운동만큼이나 진지하게 아프리카인들만의 정부 수립 운동을 추구했다. 그는 적색, 흑색, 녹색의 UNIA 깃발을 직접 만들었다. 적색은 모든 아프리카인들이 공유하는 피이자 노예로서 고초를 겪으며 흘린 피를, 흑색은 그들의 피부색을, 녹색은 아프리카 대륙의 대자연을 의미했다. 이 깃발은 범아프리카주의, 흑인 민족주의, 그리고 (금색이 덧붙여져서) 라스타파리 운동의 상징이 되었다. 가비가 세운 해운회사인 블랙스타라인Black Star Line은 아메리카 대륙 전역에서 흑인 집단들의 교류를 도왔다. 그가 발행한 신문인 〈니그로 월드Negro World〉는 전세계에 가장 널리 퍼진 흑인 출판물이었다. 영어뿐 아니라 프랑스어, 스페인어, 포르투갈어 판까지 발행되었다. 전성기에 UNIA는 43개국에 1천여 개의 지부를 두고 있다고 공언했다.

범아프리카주의는 프랑스의 문학운동, 네그리튀드Négritude를 낳았다. 1930년대 파리의 아프리카와 카리브 해 출신 학생들과 지식인들이 이 운동을 주도했다. 나중에 세네갈의 초대 대통령이 되는 시인 레오폴 상고르Léopold Sénghor가 그 중심에 있었고, 그의 친구이자 시인인 마르티니크의 에메 세제르Aimé Césaire, 프랑스령 기아나의 레옹 다마스Léon Damas도 중요한 역할을 했다. 세네갈 출신의 알리운 디옵Alioune Diop은 잡지 〈아프리카의 존재la présence Africaine〉를 창간했는데, 아이티의 자크 루맹Jacques Roumain, 과달로페의 폴 니제르Paul Niger, 마르티니크의 에두아르 글리상Édouard Glissant 등이 이 잡지에 기고한 글로 명성을 얻었다. 이 잡지 편집진들은 1956년 첫 번째 흑인작가예술가회의Congress of Negro

Writers and Artists를 파리에서 개최했다. 두 번째 회의는 1959년 로마에서 열렸다.

네그리튀드 안에도 여러 입장이 있었다. 에메 세제르는 압제를 겪은 공통 경험이야말로 아프리카인의 정체성을 만들어 낸다고 주장했다. 상고르는 아프리카인들이 비아프리카인들과는 다른 인종적 본질을 내면에 지니고 있고, 문화 생산물들에 그 표현이 나타난다고 믿는 쪽이었다. 상고르의 관점에 따르면, 아프리카인은 원래 감각적·창조적·평화적이며 조화를 지향한다. 이 같은 본질주의적 인종 접근 방식은 탈식민의 맥락 속에서 큰 힘을 발휘했지만, 자칫 인종 신비주의로 귀결될 위험도 안고 있었다. 프란츠 파농Frantz Fanon은 이 딜레마를 잘 알고 있는 사람이었다. 그는 정신과 의사이자 반식민 운동가로, '디아스포라la dispersion'라는 용어를 처음으로 사용한 프랑스어권 지식인이다. 파농은 에메 세제르의 제자이자 후계자 격이었지만 스승의 네그리튀드 개념을 비판했다. 파농의 가장 유명한 책인《대지의 저주받은 사람들Les damnés de la terre》(1961)에는 전 세계 아프리카인들이 민족문화의 뿌리를 잊지 않는 동시에 디아스포라 개념에서 힘을 얻어야 한다는 제안이 담겨 있다. 이 방식만이 정치적으로 큰 효과를 발휘하고, 정신적으로도 문제가 없다는 것이다. 예레미야가 바빌론의 유대인들에게 말했듯이, 시온을 기억하는 동시에 새로운 땅에서 번영하려고 노력해야 한다. 그 과정은 때로 잃어버린 고향에 돌아가야 한다는 생각을 자극하지만, 대부분의 경우 귀환은 현실보다는 상상에 가까웠다.

4장

귀환

Return

귀환이 현실적으로 불가능해도 언젠가 돌아간다는 생각은 전 세계 아프리카계의 연대 의식을 강하게 뒷받침했다. 시오니즘 운동은 조상들의 땅에 대규모로 다시 돌아간 중요한 사례이다. 그 결과는 이스라엘 건국이었다.

거의 대부분의 디아스포라 의식은 고향 땅에 돌아가겠다는 생각을 어떤 식으로든 드러낸다. 아르메니아인들처럼 이민자 집단들은 돌아갈 고향 땅이 없는 경우가 많았다. 하지만 돌아갈 확실한 장소가 없었기 때문에 오히려 민족국가를 세우려고 애를 썼고 고향은 더 소중해졌다. 마침내 그 땅에 민족국가가 수립되어도 문제였다. 세계 곳곳에 흩어져 살고 있던 사람들이 일시에 귀환하기란 쉽지 않기 때문이다. 대다수는 살던 곳에 남았다. 해외 아일랜드인 사이에는 추방당했다는 생각이 팽배했지만, 1990년대 중반에 아일랜드가 '켈트 호랑이'로 불리며 짧은 경제 부흥을 이루었던 때를 제외하면 아일랜드로 돌아간 이들은 얼마 없었다. 아일랜드인에게 '귀환'이라는 메타포는 정신적으로든 정치적으로든 아프리

카계와 견줄 만큼 절실하진 않았다. 반면 아프리카 혈통에게는 귀환이 실제로 불가능하거나 귀환이 그리 탐탁지 않은 일일 때에도 디아스포라 의식을 떠받치는 기둥 역할을 했다. 아프리카는 언제나 실제 장소나 현실의 피난처라기보다는 상상 속의 고향이었다. 실제로 19세기에 수만 명이 아메리카 대륙을 떠나 아프리카로 돌아간 적은 있으나, 귀환이 현실적으로 불가능해도 언젠가 돌아간다는 생각은 전 세계 아프리카계의 연대 의식을 강하게 뒷받침했다. 시오니즘 운동 | 민족국가 건설을 목표로 한 유대 민족주의 운동 | 은 조상들의 땅에 대규모로 다시 돌아간 중요한 사례이다. 그 결과는 이스라엘 건국이었다.

시오니즘

역사적 맥락을 고려할 때 시오니즘Zionism은 유럽 민족주의의 한 형태라고 볼 수 있다. 영토를 가진 국가 형태를 갖추지 않으면 완전한 민족이 아니라는 믿음에 기대고 있기 때문이다. 19세기 말 러시아와 동유럽에서 벌어진 유대인 박해는 시오니즘 운동을 태동시켰다. 테오도어 헤르츨Theodor Herzl은《유대국가 Der Judenstaat》(1896)에서 고대 이스라엘과 유대 왕국이 있었던 팔레스타인에 유대 민족국가가 들어서야 한다고 주장했다. 1897년 바젤에서 열린 첫 번째 시오니스트 회의에서 유대 민족국가를 수립할 민족의회(세계 시오니즘 기구)가 조직됐다. 영국은 우간다 땅의 일부를 마련해 주겠다고 제안했지만, 시오니스트들은 논의 끝에 거부했다. 한 민족으로 살아남고 번영하려면 유대인들은 시온(성경에 나오는 요새 이름이자 예루살렘을 내려다보는 언덕의 이름으로, 예루살렘의 상징이다)으로 돌아가야만 한다는 것이 그들의 입장이었다. 시오니즘 운동은 당시 오스만제국의 한 지방이던 팔레스타인으로 이주하여 유대 국가를 만드는 것을 목표로 삼았다. 뉴욕에서 활동한 극작가이자 영국계 미국인인 이스라엘 장윌Israel Zangwill이한 말처럼, 시오니스트들의 눈에 팔레스타인은 "땅이 없는 민족을위한 민족 없는 땅"이었다. 하지만 이 말은 심각한 왜곡이었다. 유대인들의 귀환이 시작된 1880년대에 팔레스타인에는 이미 40만명의 아랍인과 4만 3천 명의 기독교인, 그리고 1만 5천 명의 유대인이 살고 있었다.

시오니스트들은 팔레스타인으로의 이주를 히브리어로 '상승'을뜻하는 알리야aliyah(복수형은 aliyot)라고 불렀다. 이 말은 토라를 읽으려고 유대교 회당에 올라가는 일을 뜻하기도 한다. 유대인 이주역사라는 맥락에서 볼 때, 알리야는 추방 상태에 있던 유대인들의귀환이었다. 올레aleh(복수형은 olim. 팔레스타인으로 이주한 유대인을 가리킨다)는 약속의 땅으로 돌아가는 길에 오른 것이다. 제1차 세계대전 시기, 영국은 오스만제국에 대항한 아랍 반란군에게도 전쟁이 끝나면 독립을 돕겠다고 약속했다. 그러나 1917년 영국 정부는 '밸푸어 선언'을 발표해 유대인들을 위해 "민족의 고향"을 팔레스타인에 만들겠다고 공언한다. 런던에서 발행되던 〈타임즈〉 신문에 실린 밸푸어 선언은 외교관 아서 밸푸어가 월터 로스차일드 남작에게 보내는 편지 형식이었다. 여기서 밸푸어는 국제적으로 가장 영향력 있는 유대계 가문의 일원인 로스차일드에게 이 메시지를 시오니즘 운동 지도자들에게 전달해 달라고 요청한다.

왜 영국이 밸푸어 선언을 했는지는 아직까지도 확실하지 않다. 물론 유대 국가 건설을 지원하는 것은 동맹국 미국이 내세운 민족 자결주의를 따르는 것일 수 있었다. 그렇지만 더 중요한 동기는, 중동에 유대 국가를 두어 인도로 가는 길을 지키고, 수에즈 운하에 걸린 영국의 이권을 보장할 뿐 아니라, 이 지역에서 이권을 다투는 프랑스와의 사이에 방패를 만들려는 것이었다. 팔레스타인에 "민족의 고향"을 마련한다는 말이 도대체 무슨 뜻인지는 일부러 모호하게 남겨 두었다. 밸푸어는 그저 지나가듯이 아무렇지 않게 이곳에서 "비유대계 집단의 시민적·종교적 권리는 차별받지 않을 것"이라고 언급했지만, 이 말은 현재까지도 이 지역에서 터져 나오고 있는 모든 문제의 출발점이다. 팔레스타인에 사는 아랍인의 눈에는 유대 국가를 세우려는 어떤 시도도 그들을 살던 곳에서 쫓아내려는 식민지화 음모에 불과했다.

시오니즘은 유럽 유대인들에게 그다지 인기가 없었다. 그 출발이나 발전 과정은 이 운동이 기본적으로 유대교와는 거리가 먼 비종교적인 운동이며 유대 민족주의의 표현이라는 사실을 잘 보여 준다. 신학적인 관점에서 유대인을 "한데 모으는 것"은 신의 섭리로만 가능한 일이다. 따라서 메시아의 도래 이전에 귀환하는 것은 바람직하지 못할뿐더러 불가능했다. 19세기 말 차르 암살로 빚어진 러시아의 유대인 집단 학살과 제1차 세계대전 사이에 러시아와 동유럽을 떠난 유대인 대부분은 미국으로 이주했고, 3퍼센트만이 팔레스타인행을 택했다. 유럽 내 박해가 심해지고 미국이 이민을 제한한 1920~30년대에 들어서야 팔레스타인으로 이주하는 비율이 높아졌지만, 그때까지도 30퍼센트를 넘지 못했다.

첫 번째 알리야는 시오니즘 운동이 나타나기 전인 1881년부터 1891년 사이에 일어났다. 러시아, 폴란드, 루마니아에서 3만 명가량이 팔레스타인으로 이주했다. 이주자 대부분은 도시나 마을에 정착했지만 일부는 농업을 택했다. 그런데 농사가 실패하자 파리의 로스차일드 가문이 나섰고, 아랍인들을 고용해 일종의 플랜테이션을 만드는 방법을 알려 주었다. 재배 작물은 대부분 포도나무였다. 두 번째 알리야는 1904년부터 1914년까지로, 대개 러시아 출신인 약 4만 명의 유대인들이 팔레스타인에 도착했다. 세계 시오니즘 기구World Zionist Organization의 일부인 유대민족펀드의 도움을 받아 땅을 사들인 유대인들은, 사회주의와 조합주의의 성격을 갖는 키부츠(공동체적 농업 거주지)를 건설했다. 이들은 히브리어를 부활시켰고, 유대 국가의 기초가 될 정당, 노동조합, 신문을 만들었다.

　세 번째, 네 번째, 다섯 번째 알리야는 국제연맹 위임통치의 일환으로 영국이 팔레스타인을 통치하던 때(1919~1948)에 일어났다. 세 번째 알리야(1919~1923) 시기에 러시아 및 동유럽에서 건너온 3~4만 명 중에는 지속 가능한 경제 여건을 만들어 줄 농학자와 숙련된 농부들, 그리고 사회주의적 이상을 품은 전문직 종사자들과 상인, 기술자, 노동자들이 포함되어 있었다. 네 번째 알리야(1924~1929) 시기에는 경제 위기를 겪던 러시아, 반유대주의가 극성을 부리던 폴란드에서 8만 2천 명의 중산층 이주민들이 이주했다. 이들 중에는 사회주의나 협동주의에 찬동하지 않는 사람들이 더 많았고, 그래서 마을과 도시에 자리를 잡았다. 2만 3천 명은 팔레스타인을 떠나 미국 등지로 옮겨 갔다. 떠나지 않은 사람들 중에 블라디미르 야보틴스키Vladimir Jabotinsky가 있었다. 그는 유대 민족의 모든 적들에 맞서 적극적으로 방어해야 한다고 주장하는 호전적인 이데올로기인 수정주의 시오니즘Revisionist Zionism의

주창자이다. 그가 조직한 지하 군사 조직인 이르군Irgun은 현지 아랍인들에 대한 테러를 자행했다. 유대인들의 고난은 반유대주의가 아니라 디아스포라 상황 때문이라고 본 야보틴스키는 디아스포라를 국가가 없는 상태와 동일시하면서, 유일한 해법은 팔레스타인에 확실한 유대 국가를 건설하는 것이라고 주장했다.

유대인은 유럽을 떠나라는 압력이 가중되던 1930년대, 팔레스타인에 유대인들이 대량 이주했다. 1929년에서 1939년 사이에 25만 명이 나치의 박해를 피해 팔레스타인에 도착하면서 다섯 번째 알리야가 기록되었다. 전문직, 기업가, 학자, 예술가, 건축가들이 많았다. 유대인들은 계속 땅을 사들였고, 아랍 소작인들은 살던 곳에서 쫓겨나야 했다. 아랍인들의 분노가 눈에 띄게 높아지자, 1939년 영국 정부는 유대인의 팔레스타인 이주를 엄격하게 제한하는 조치를 취했다. 영국은 5년 안에 이주의 물결이 잦아들기를 기대했지만, 유대인 구호 기구들은 해상봉쇄선을 뚫거나 시리아를 경유하여 제2차 세계대전 기간에 11만 1천 명의 이주민을 몰래 들여왔다. 이는 분명 많은 수이지만, 홀로코스트를 피할 수 있었을 사람들의 수에 비하면 매우 적다. | 이 기간에 나치에 학살된 유대인 수는 약 6백만 |

1947년 국제연합(UN)은 팔레스타인을 두 국가로 분할하는 계획을 승인한다. 하나는 유대인을 위한 국가, 다른 하나는 아랍인을 위한 것이었다. 1948년 5월 14일(히브리력으로 5708년 이야르 5일),

세계 시오니즘 기구(WZO)의 실행위원회 위원장인 다비드 벤 구리온David Ben-Gurion은 이스라엘 국가 성립을 선언한다. 선언문을 낭독하는 연단 뒤에는 다윗의 별이 그려진 두 개의 깃발이 가로로 펼쳐져 있었고, 그 사이에 테오도어 헤르츨의 커다란 초상화가 걸렸다. 새 국가의 상징은 꽤 호소력이 있었다. 티투스 로마 황제의 개선문에 조각된 예루살렘 성전의 빼앗긴 상징, 기원전 70년에 로마가 약탈한 메노라ㅣ촛대ㅣ의 형상이었다. 이스라엘 독립 선언은 에레츠 이스라엘Eretz Israel(이스라엘, 혹은 팔레스타인 땅)이 "유대 민족의 발상지"라고 주장했다. 유대 민족은 여기에 처음으로 국가를 세웠고, 이제 2천 년이 지나 새로이 국가가 들어서려 한다. "이 땅에서 강제로 쫓겨난 후 유대 민족은 사방으로 흩어졌으나 믿음을 버리지 않았다. 돌아가리라는, 정치적 자유를 되찾으리라는 기도와 희망은 멈춘 적이 없다."

선언문의 역사관을 따라가 보자. 과거부터 현재까지 모든 유대인은 먼 옛날의 왕국을 재건하려는 열망을 품었다. 지난 반세기 남짓한 기간 동안 시오니스트들은 "사막에 꽃을 피우는" 정착자들을 팔레스타인에 보내어 꿈을 실현하기 시작했다. 공동체를 번영시키고 자신들만의 경제와 문화를 가꾼 정착자들은 "평화를 사랑하지만 평화를 지키는 방법도 알고 있"었다. 그리고 "이 나라에 사는 모든 사람들에게 더 나은 삶"을 가져왔다. 선언문은 유대 독립

시오니즘 지도자 테오도어 헤르츨의 초상화 아래 서서 이스라엘 국가 성립 선
언문을 읽고 있는 다비드 벤 구리온. 1948년 텔아비브에서 열린 유대 민족 의회.

국가 성립을 요구하면서 이렇게 결론짓는다. UN은 결국 "다른 모든 민족들처럼, 주권을 지닌 국가에서, 스스로의 운명을 지배할 유대인의 자연적 권리"를 깨달을 것이라고. 그렇다면 팔레스타인의 아랍인들은? 그들은 자신들의 운명을 어떻게 지배할 수 있는가? 디아스포라의 해소가 또 다른 디아스포라를 만들어 낸다는 것, 이시기의 비극적 아이러니다.

이스라엘 –
팔레스타인

팔레스타인의 아랍인들에게 UN의 분할안은 배신이자 재앙이었다. 위임통치가 끝난 1948년 팔레스타인 내 유대인 숫자는 65만 명으로, 대부분 최근에 정착한 이주민이었다. 그러나 아랍인은 130만 명으로 그 두 배에 달했다. 이스라엘 독립 선언은 새 나라가 "모든 거주민들의 이익을 위해 국가를 발전"시키고 "종교, 인종, 성에 관계없이 모든 거주민들에게 사회적·정치적 권리의 완전한 평등을 보장"한다고 약속했다. 그러나 팔레스타인 내 아랍인들은 정착민 식민주의로서의 시오니즘을 이미 경험하고 있었다. 유럽 역사가 여러 차례 보여 주었듯이, 식민주의는 박탈과 추방을 수반한다. 팔레스타인인과 이들을 지지하는 사람들은 오늘날에도 이스라엘의 독립일을 욘 알-나크바Yawn al-Nakba, 즉 '재앙의 날'로 기억한다.

이제 이스라엘은 독립을 지키려 싸워야 했다. 1947년 유대인과 아랍인 사이에 내전이 발발했다. 이스라엘 독립 선언 바로 다음 해에 이집트, 시리아, 레바논, 이라크, 트랜스요르단, 사우디아라비아가 가담한 아랍연합군이 이스라엘을 공격했다. 1949년 휴전협정의 결과로 '그린 라인Green Line'이라 불린 경계선이 그어지면서 이스라엘 영토는 UN 분할안보다 3분의 1이 늘어나서 위임통치 영역의 4분의 3에 달했다. 아랍인 인구가 많은 가자지구와 요르단 강 서안은 이집트와 요르단이 각기 점유했다. 1947~1948년의 내전 기간과 1948~1949년의 아랍-이스라엘 전쟁 시기에 인구의 3분의 2에 달하는 팔레스타인인 7만 5천 명이 고향에서 피난을 가거나 쫓겨났다. 아랍인 마을 수천 개가 텅 비었다. 전쟁 이후 유대 국가에서 아랍인 인구는 15퍼센트 이하로 줄어들었다.

난민의 4분의 3은 팔레스타인 땅에 남았지만, 그렇잖아도 인구밀도가 높은 가자지구와 요르단 강 서안으로 들어가 원래의 거주민들 틈바구니에 끼어야 했다. 1952년 당시 가자지구의 인구는 30만 명이었는데, 그중 64퍼센트가 난민이었다. 1949년 요르단은 서안의 팔레스타인 난민들에게 시민권을 부여했다. 강을 건너 동쪽으로 넘어온 팔레스타인 난민 10만 명도 시민권을 받았다. 나머지

난민들은 시리아나 레바논으로 갔고, 일부는 이집트나 이라크로 향했다. 그러나 이 나라들은 시민권은커녕 난민들에게 자기 사회에 동화되지 말고 팔레스타인으로 돌아가라고 종용했다.

UN은 팔레스타인 난민 지위 문제를 다른 사안들과 다르게 접근했다. UN난민기구United Nations High Commissioner for Refugees(UNHCR)가 채택한 원칙에 따르면, 난민 지위는 인종·종교·정치·국적, 그리고 특수한 사회집단에 속한다는 이유로 박해받을 위험에 처한 경우에 인정된다. 그런데 UN팔레스타인난민구호사업기구United Nations Relief and Works Agency for Palestine Refugees in the Near East(UNRWA)는 여기에 지리적·경제적 기준을 적용했다. 1950년 조직된 UNRWA는 1948년 이스라엘 국가 수립 이전에 2년 이상 팔레스타인에 거주했고, 분쟁으로 집이나 생계 수단을 잃었고, UNRWA가 구호 활동을 벌이는 서안·가자·요르단·시리아·레바논으로 피신한 이들에게 난민 자격을 부여했다. UN난민기구는 원칙상 다른 나라에서 시민권을 얻은 난민들에게는 난민 지위를 인정하지 않았지만, 팔레스타인인만은 예외로 하였다. 집과 재산을 돌려받지 못했기 때문이다. 현재도 이들과 그 자손들은 난민으로 남아 있다.

1967년 6일전쟁 | 제3차 중동전쟁 | 이후 팔레스타인인들의 상황은 더 악화됐다. 이집트·요르단·시리아·이라크 연합군을 패배시킨

이스라엘 영토의 서안과 가자 지역 위치

시리아

레바논

텔아비브

요르단 강
(요단강)

웨스트
뱅크(서안)

예루살렘

사해

가자지구

요르단

베르셰바

이스라엘

이스라엘은 가자지구와 서안을 장악했고, 시나이 반도·동예루살렘·세바 팜스·골란 고원을 점령했다. 22만 5천 명의 팔레스타인인이 서안을 떠나 요르단을 향해 강을 건넜다. 이스라엘 점령 하 서안에 살고 있던 UNRWA 등록 난민들은 계속 난민으로 남았고 1988년까지 요르단 시민권을 유지했다. 그러나 지금은 더 이상 요르단의 보호를 받지 못한다. 1948년 이후에도 서안을 떠나지 않은 토착 아랍인들은 요르단 국적도, 난민 지위도 없다. 2012년 기준 요르단 강 서안의 인구 분포를 보면, UNRWA 등록 난민 수는 75만 명이고, 난민 지위가 없는 아랍인 수도 비슷하다. 이스라엘 정착민은 35만 명이다.

가자지구는 서안보다 더 열악하다. 난민의 비율이 대단히 높고, 거주민 대부분이 무국적 상태이다. 가자지구에서 떠나는 사람들은 서안에서 떠나는 사람들보다 적고, 출산율이 높아 인구가 빠르게 증가하고 있다. 2012년 기준 가자의 인구는 170만 명으로, 그중 100만 명이 UNRWA 등록 팔레스타인 난민이다. 난민들 대다수는 부모가 가자로 피난 와서 낳은 자식들이다.

서안과 가자의 난민은 2012년 현재 5백만 명에 달하는 팔레스타인 난민의 3분의 1을 차지한다. 다른 난민들은 요르단, 시리아, 레바논에 거주한다. 전체 난민 셋 중의 하나는 난민 캠프에 살고 있고, 캠프는 항상 절반 이상이 차 있다. UNRWA가 이 캠프들을 직접 관리하지는 않지만, 의료와 교육 지원에 중점을 두고 인도주의적인 구호를 제공한다. 팔레스타인인 거의 전부가 국적이 없고 어떤 정부의 보호救護도 받지 못한다. 역설적이게도 그 예외는 이스라엘에 사는 150만 명의 아랍 시민들이다(이들은 점령 지역에 살지 않는다). 현재 전 세계에는 1,100만 명의 팔레스타인인들이 흩어져 살고 있다. 칠레에도 팔레스타인인 30만 명 정도가 살고 있는데, 이는 아랍 밖에서는 가장 큰 규모이다.

팔레스타인 사례에 '디아스포라'라는 용어를 적용하는 것이 유용하거나 적합한 일일까? 팔레스타인인들은 유대인과 관련 있는 이 말을 꺼림칙하게 여겨서 그 대신에 쫓겨나 이동하는 것, 추방을 가리키는 알-샤타트al-Shatat를 쓴다. 그 의미는 거의 비슷하다. 대규모로 쫓겨난 것, 마을과 도시에서 계획적으로 밀려난 것, 자신들의 역사와 문화가 말살된 것을 가리킬 때 팔레스타인인들은 알-샤타트라고 한다. 전 세계 유대인이 '귀환의 권리'를 누릴 때, 팔레스타인 난민들은 고향에 돌아갈 날을 기약 없이 기다리며 비탄에 잠겨 수세대를 살아왔다. 때문에 팔레스타인인들은 디아스포라의 틀에 잘 들어맞는 특징들을 보인다. 알-샤타트, 재앙이 일어났고 일시에 여러 곳으로 흩어져야 했으며, 추방과 망명 의식이 가슴에 깊이 자리 잡았다. 20세기 이전까지 팔레스타인에는 집단적인 민족주의 이데올로기나 민족운동이 나타나지 않았으나, 20

세기 초반 시오니스트 정착민들에 대한 반발로 강력한 민족주의가 형성되었다. 1964년 결성된 팔레스타인해방기구(PLO)는 알제리에서 런던, 베이루트에서 뉴욕, 다마스쿠스에서 파리까지 전 세계에 흩어진 팔레스타인인들을 모아 필요하다면 폭력을 써서라도 민족 영토를 탈환하려는 디아스포라적 민족주의 운동에 뛰어들었다. 그리고 팔레스타인 귀환의 꿈을 더 뜨겁게 달군 것은 분명 그 불가능성이었다.

미국과 이스라엘에는 탈시오니즘 유대 문화를 마련하려고 노력하는 소수의 학자와 운동가들이 있다. 이들의 주요 관심사는 유대 민족을 위한 민족의 고향으로 정의되는 이스라엘이라는 국가가 전혀 민주적이지 않다는 것이다. 혈통에 근거하는 귀환법도 마찬가지다. '신역사학파new historians'로 불리는 연구자들은 이스라엘 역사 내러티브가 감추고 있는 오점, 특히 팔레스타인 아랍인들을 몰아낸 사건의 본질을 밝히려고 한다. 어떤 이들은 영토 국가 안에 민족 정체성을 확립하려는 시도를 유대적 본질의 포기로 보기도 한다. 민족국가 안에 유대인의 본질을 가두려고 한 시오니즘이 2천 년 이스라엘 역사에 날카로운 균열을 남겼다는 것이다.

유대 민족만의 덕목과 성취는 바로 디아스포라 상태에 있다고 주장하면서, 이 연구자들은 영토 보유에 기반한 민족 정체성을 넘어서는 문화적 차이의 인정과 개방적인 공존을 강조한다. 그렇다면 오늘날 이스라엘에 살고 있지 않은 유대인들은 디아스포라적인 민족이라기보다 전 지구적인 민족으로 보는 편이 옳을 것이다. 한편 나트레이 카르타Naturei Karta, 렙 아렐라흐Reb Arelach처럼 극단적인 성향의 유대인 집단들도 영토 국가의 정통성을 부인한다. 인간의 힘으로는 유대인들을 "한데 모을" 수가 없으며, 진정한 이스라엘은 신의 섭리로만 복원될 수 있다는 것이다.

추상적인 이론 차원에서는 매혹적인 주장이다. 그러나 문화 비평가들이 칭송하는 개방성이나, 민족국가 없이 유대 문화의 특수성을 보존하려는 극단주의자들의 고집은 양날의 검이 될 수 있다. 유대 문화의 독특한 성취를 설명하는 동시에 그 엄청난 취약성을 보여 주기 때문이다. 정착하지 않고 그 지역에 소속되지 않는 것이야말로 반유대주의의 원인이다. 반유대주의자들은 민족국가 경계 내부에서 독특한 정체성을 유지하는 유대인들을 증오해 왔다. 시오니스트들 입장에서도 제 민족이 어디에도 속하지 못한 것이 문제였다. 그래서 그들은 영토를 가진 유대 국가를 원했다. 유대 민족이 홀로코스트 이후 그런 국가 없이 어떻게 살아남을 수 있었겠는가? 그러나 팔레스타인인의 관점에서 보면, 유대 국가가 빼앗아 간 것은 이루 헤아릴 수조차 없다.

귀환법

　　이스라엘이 팔레스타인인들을 대하는 태도는 이 나라에 오고 싶어 하는 세계 곳곳의 유대인들에 대한 정책과 극명한 대조를 보인다. 독립 선언문에서 드러나듯이, 이스라엘은 세계 유대인 사회에서 계속 이주와 원조가 이어져야만 국가가 유지될 것이라는 사실을 잘 알았다. 선언문은 "떠도는 유대인들을 한데 모으기" 위해서 이스라엘이 "고향의 문을 모든 유대인에게 열어 놓을" 것이라고 단언한다. 귀환법Law of Return(1950)은 모든 유대인이 이스라엘에 정착할 권리를 갖고 있다고 언명했다. 1970년에 통과된 수정안에 따르면 출생 혹은 개종으로 유대인이 된 사람, 다시 말해 유대인 부모와 조부모, 배우자를 뒀거나 유대인 자녀나 손주와 결혼한 사람은 누구든지 이스라엘로 이주해 시민권을 가질 권리가 보장된다. 이스라엘은 '이민' 대신에 '귀환'이라는 용어를 사용해서 팔레스타인이 조상들의 땅이라는 자신들의 주장을 강화했다. 1948년부터 1999년까지 3백만 명이 이스라엘로 들어왔다. 그중에는 예멘 유대인 4만 9천 명도 있었다. 49년에서 50년에 걸쳐 예멘 유대인 거의 전부를 항공기로 수송한 작전명은 '독수리 날개Wings of Eagels'였다. 신이 이스라엘의 자녀들을 독수리 날개에 실어 시온으로 돌려보내리라는 〈이사야〉 40장 31절의 예언에서 따온 명칭이다. 이와 비슷한 수송 작전이 50~60년대에 잇달아 계획되어 아랍 국가 내 유대인들을 실어 날랐다.

가장 극적인 귀환 작전은 1991년 에티오피아 유대인을 대상으로 펼쳐진 작전이었다. 에티오피아는 그들만의 기독교 정교회 전통을 가진 나라지만, 독특한 유대교 전통도 아울러 지니고 있었다. 성경, 코란, 출처가 불분명한 자료, 지역 민속이 두루 결합된 성서 《케브라 네가스트Kebra Negast》(왕들의 영광)는 두 종교에 모두 큰 영향을 줬다. 《케브라 네가스트》에 따르면, 에티오피아 민족은 신이 선택한 민족이다. 솔로몬 왕과 시바 여왕 사이에 태어난 아들 메넬리크는 왕위에 오르기 위해 귀국하면서 언약궤를 가지고 왔다. 에티오피아 유대인들은 이때 자신들의 선조가 에티오피아에 정착했다고 믿는다. 메넬리크와 그 추종자들은 에티오피아로 돌아올 때 어떤 강을 지나면서 두 무리로 갈라졌는데, 강을 건넌 자들은 나중에 기독교인이 되고 건너지 않은 자들은 유대인으로 남았다는 것이다. 에티오피아 사회의 주류인 정교회인들은 유대인들의 토지 소유권을 박탈하고 깎아내리는 의미로 이들을 땅 없는 자 '팔라샤falasha'라고 불렀다(이방인, 외부인, 추방자라는 뜻이기도 하다). 에티오피아 유대인들은 스스로를 '베타 이스라엘Beta Israel', 즉 이스라엘 공동체라고 칭했다.

학자나 종교 연구자들은 에티오피아 유대인의 기원 이야기나 정통성을 그다지 신뢰하지 않는다. 1973년, 이스라엘의 세파라딤 수석 랍비는 이들이 잃어버린 단Dan 지파의 후손이라고 인정했다. 에티오피아 유대인들이 귀환법의 특권을 누릴 자격을 얻은 것이다. 아슈케나지 수석 랍비도 2년 후에 비슷한 결정을 내렸다. 기원이야 어찌 됐든, 베타 이스라엘은 수세기가 넘도록 에티오피아 북쪽 산맥 안에 고립된 채로 유대교를 고수해 왔다. 식사 율법을 엄격하게 지켰고, 유월절에는 양을 제물로 바쳤으며, 태어난 지 8일째에 할례를 받았다. 하지만 히브리어가 아니라 암하라어를 썼고, 예루살렘을 향해 기도할 때는 에티오피아의 고대어인 게즈어를 사용했다.

1970년대에 마르크시즘을 내세운 군사 쿠데타로 에티오피아 황제 하일레 셀라시에가 폐위되자, 이스라엘과 미국의 유대인들은 에티오피아 유대인을 '귀환'시키자는 운동을 전개했다. 80~90년대에 에티오피아는 전쟁과 기근으로 황폐화되었고, 이스라엘은 수단의 난민 캠프에 에티오피아 유대인을 옮겼다. 1984년 '모세 작전'으로 7천 명 이상의 에티오피아 유대인이 이스라엘로 옮겨졌다. 1991년에는 '솔로몬 작전'이 실행되었다. 이스라엘 공군은 이틀간 34대의 비행기를 동원하여 에티오피아 수도 아디스아바바에서 1만 4,324명을 수송했다. 당시 이스라엘 수상 이츠하크 샤미르와 여러 고위 공직자들이 공항에 나와 그들을 맞았다. 이로써 에티오피아 유대인 대부분이 이주했다. 현재 이스라엘에는 13만 명 이상의 에티오피아 유대인이 살고 있으며, 3분의 1은 이스라엘 출생이다.

그러나 기독교로 개종한 조상을 둔 베타 이스라엘 사람들은 그리 운이 좋지 못했다. 팔라시 무라Falash Mura로 불리는 개종자 수천 명은 솔로몬 작전으로 친척과 친구들을 만나게 될 것이라는 꿈에 부풀어 집과 재산을 포기했지만, 최근에 유대교로 다시 개종했다는 이유로 귀환법을 적용받지 못했다. 1991년 이후 팔라시 무라 대부분은 에티오피아의 난민 캠프에 머물면서 이스라엘 정부의 입국 승인을 기다려 왔다. 이 중 일부는 귀환법이 다루지 못하는 이민 문제를 처리하고자 만들어진 입국법에 따라 이산가족 상봉 사유로 입국 허가를 받았다.

이스라엘로 이주한 가장 큰 규모의 단일 집단은 1990년대에 옮겨 온 구소련 거주 유대인들이다. 연방 해체 당시 소련에는 2백만 명의 유대인이 있었다. 소련은 모든 시민들이 여권에 자기 민족을 기재하도록 했다. '유대인'도 그 분류 체계 중 하나였다. 유대인으로 분류되면 교육과 고용에서 차별을 받았지만, 이스라엘 이민 가능성이 있었다. 소련 유대인 대부분은 랍비들이 규정한 엄격한 자격 조건에 의하면 유대인이 아니었다. 아버지가 어느 민족에 속하는지에 따라 민족이 결정된 소련과 달리, 모세 율법은 모계 혈통을 더 중시했다. 반면에 소련 유대인 남성의 배우자는 남편의 성씨 하나로 유대인 지위를 얻었다. 오랫동안 드러내 놓고 종교 행위를 하기 어려웠으므로 러시아 유대인 대다수는 유대교와 별 관계가 없었다. 유대교 회당에 출입하거나 히브리 경전을 공부하거나 대제일大祭日을 지키지도 않았고, 유대인의 식사 율법도 따르지 않았다.

유대교에 익숙하지는 않았지만, 소련 유대인들에게 유대 정체성은 소중했다. 이들은 귀환법에 따라 이스라엘로 갈 수 있는 자격이 있었다. 소련이 무너지자 많은 사람들이 이스라엘로 향했다. 1990년대에 1백만 명이 이스라엘에 도착했다. 이스라엘 이민을 미국으로 가는 징검다리로 여기는 사람도 많았다. 이스라엘 인구는 20퍼센트 늘어났다. 덕분에 경제 상황이 호전되었고, 정치 변화도 불가피해졌다. 이전의 '올레aleh' | 팔레스타인 이주 유대인 | 들과 달리, 러시아 출신 유대인들은 히브리어를 배우거나 이스라엘 사회에 섞여 들어가려고 하지 않았다. 예전의 언어와 문화를 고수하면서 러시아 신문을 읽고 위성 TV로 러시아 방송을 시청하면서 자신들만의 사회를 만들었다. 러시아 유대인의 존재는 이스라엘인이 된다는 것이 무엇인지, 유대인이 무엇을 의미하는지 의문을 던지게 했다.

전 세계 유대인은 1,350만 명으로 추산된다. 이 중 80퍼센트가 이스라엘과 미국에 살고 있다. 양쪽이 각각 550만 명 정도이다. 그 나머지는 유럽에 가장 많고(150만 명), 캐나다, 멕시코, 아르헨티나, 아프리카 등지에 소수가 거주한다. 달리 말하면, 유대인의 60퍼센트가 이스라엘 바깥에 사는 '유대인 디아스포라'이다. 미국과 프랑스 연구자들에 의하면, '디아스포라 상태'로 머문다는 결정은 이스라엘로 향하지 않은 유대인들의 정체성을 크게 약화시켰다. 제2차 세계대전 이후 반유대주의가 점차 잠잠해진 상황도 한몫했다. 이제 유대인 정체성은 다른 민족 집단들이 현지에 동화되는 과정과 유사하게 상징적인 차원으로 희석되는 중이다. 하지만 미국 유대인들의 사정은 다르다. 비록 그들 삶의 중심은 이스라엘이 아니지만, 이스라엘 유대인들과 자신들이 별다를 것이 없다고 생각한다. 추방 의식과는 거리가 멀다. 예레미야가 말한 바빌론 유대인들처럼 그들이 지금 있는 곳이 그들의 고향이다. 그렇지만 많은 미국 유대인들은 비판자로든 지지자로든 이스라엘 문제에 계속 관여한다. 1951년 이후 이스라엘은 수익률이 낮고 애국심에 기댄 기부에 가까운 '디아스포라 채권'을 발행하여 해외 동포로부터 250억 달러를 모았다.

현대 유대인들과 달리 대부분의 이주민 집단들에게 '귀향'은 어마어마한 장벽을 돌파해야 가능한 것이거나 아예 불가능한 일이었다. 그러나 귀향이 메타포에 그치지 않고 실제로 진행되면 강력한 호소력을 발휘한다. 예컨대 아프리카계인 상당수는 대서양을 건너 서아프리카에 정착했다. 아프리카계인 대부분이 원해도 감히 꿈꿀 수 없는 일이었다. 그렇다고 해도 '아프리카로의 귀환'은 인종차별과 불평등에 맞서 전개된 대서양 세계의 투쟁에 엄청난 영향을 끼친 정신적·정치적 힘이었다.

아프리카인들의
고향

대서양 세계의 노예와 그 후손들은 아프리카인이 하나이고, 정처 없는 아프리카 민족은 고향으로 돌아가야 한다는 생각을 하기 시작했다. 이 생각은 점점 널리 퍼져서 노래 가사, 설교, 민속, 그리고 흑인 엘리트들의 자서전과 정치 책자에 되풀이해 등장했다. 아프리카로 돌아가자고 주장하는 사람들은 일단 귀환하면 상업과 기독교의 미덕이 아프리카에 퍼져 나가 모든 아프리카인을 구원할 것이라고 믿었다. 하지만 19세기의 상황에 비춰 보면 귀환은 매혹적이지만 위험한 시도였다. 아프리카로 옮겨 가길 원하는 흑인들도 있었지만, 골칫거리인 흑인 자유민들을 자기 나라에서 치워 버리기 위해 식민 개척 계획을 후원하는 백인들도 있었기 때문이다.

영국은 미국 독립전쟁에서 자기편을 들어 준 아프리카계 미국인들의 피난처로 시에라리온 식민지를 제공했다. | 1775년 북아메리카의 13개 영국령 식민지가 일으킨 독립전쟁에서 노예해방을 기대하고 영국 편에 서서 싸운 | 미국 노예들은 봉사의 대가로 자유를 얻을 참이었지만, 전쟁이 패배로 끝나 버렸다. | 1783년 파리조약으로 미국 독립 승인 | 노예들은 여기서 포기할 수 없었다. 1783년 3천 명의 흑인 왕당파들은 뉴욕에서 노바스코샤로 향하는 배를 탔다. 캐나다 남동부에 위치한 노바스코샤는 농사를 짓기가 어려운 환경이었고, 예전의 노예 소유주들도 많이 살고 있는 곳이었다. 흑인들은 악전고투를 벌여야 했다. 런던에서는 노예폐지론자들이 흑인 빈민들을 정착시킬 적당한 장소를 서아프리카에서 물색 중이었다. 1787년의 첫 번째 시도는 대실패로 끝났다. 하지만 이 시도는 1792년의 두 번째 시도를 자극했다. 노바스코샤에서 온 1천여 명도 동참한 두 번째 여정의 결과, 현재 시에라리온의 수도인 프리타운Freetown을 개척하는 데 성공했다. 시에라리온은 곧 미국과 카리브 제도에서 귀환하는 이들의 목적지가 되었다.

시에라리온이 아프리카계 미국인의 안식처가 되리라고 점친 사람들 중에는 매사추세츠 주에서 선장으로 일하던 폴 커프Paul Cuffe도 있었다. 1811년 커프는 서아프리카로 떠나 프리타운에 입항한다. 그는 아메리카 대륙에서 온 부지런한 흑인 이주자들이 대서양

무역을 발전시키면서 위대한 새 아프리카 민족을 이루는 꿈을 그렸다. 1815년 커프는 38명의 개척민을 데리고 다시 프리타운에 돌아왔다. 여비나 비용은 커프가 댔다. 2년 후 사망했을 때도 그는 대규모 아프리카 이주를 계획 중이었다. 그의 꿈은 현실화되지 못했으나, 그의 활동은 자메이카 출신의 마커스 가비가 한 활동과 놀랄 만큼 비슷했다. 가비가 해운회사 블랙스타라인을 설립하기 100년 전, 커프는 아프리카를 구원하러 귀환하는 아프리카계 미국인들을 태울 여러 척의 배를 마련했다.

커프가 사망할 무렵, 귀환을 추구하던 아프리카계 미국인들은 불편한 딜레마에 빠졌다. 그들과는 전혀 다른 이유로 흑인들이 떠나기를 간절히 바라는 미국인들 때문이었다. 미국식민협회 American Colonized Society(ACS)는 제임스 먼로나 헨리 클레이처럼 저명한 정치인들의 후원으로 1816년 조직되었다. 미국식민협회는 해방 노예가 미국에 발붙이기는 어렵다고 봤다. 커프는 거리낌 없이 미국식민협회와 협력했고, 아프리칸 감리교회의 리처드 알렌이나 다른 흑인 지도자들도 마찬가지였다. 그러나 아프리카계 미국인들의 여론은, 적어도 북부에서는 미국식민협회를 경원시하는 방향으로 흘러갔다. 이후 20~30년 동안은 귀환을 이야기하기가 힘들어졌다. 북부 해방 노예 대부분은 아프리카 식민지 개척이 이 나라에서 자신들을 치워 버리려는 핑계임을 잘 알았고, 이 계획을 강하게 거부했다. 남부는 조금 더 호의적이었다. 어떤 식으로든 노예 처지에서 벗어나기만을 바라는 흑인들이 많았던 탓이다.

미국식민협회는 달갑잖은 해방 노예들을 제거하려는 계획을 계속 밀어붙였다. 1820년 미국식민협회는 시에라리온 동쪽 땅을 식민지로 확보했다. 현재의 라이베리아다. 1867년까지 미국식민협회의 지원을 받아 1만 3천 명 이상의 아프리카계 미국인들이 이곳으로 이주했다. 이들을 이끈 사람들 중에는 세인트토머스 섬의 에드워드 블라이든이나 노예제 폐지를 주장하는 뉴욕 신문 〈프리덤스 저널〉의 편집인으로 일했던 자메이카 태생의 존 러스웜 John Russwurm 등도 있었다. 러스웜은 식민지 건설 주장이 신문사의 노선과 충돌하자, 사표를 던지고 이 일에 뛰어들었다. 이 지도자들은 원래 아프리카에 살던 사람들과 자신들을 날카롭게 구분했다. 아프리카에 이상적인 흑인 미국인 사회를 만들고, 이교도의 땅에 기독교 문명을 전파하는 전초 기지를 건설하기 위해 온 사람들이라는 자부심이 넘쳤다. 1847년 라이베리아공화국이 탄생했다. 그들은 미국을 따라 정부 형태를 조직했고, 수도의 명칭은 미 대통령 제임스 먼로의 이름을 따 몬로비아로 정했다. 라이베리아로 이주한 아프리카계 미국인들 대부분은 남북전쟁 전에 왔지만, 1880~1890년대에도 인종차별과 선거권 박탈, 인종 분리 정책과 흑인 민족주의로 촉발된 풀뿌리 운동의 일환으로 수천 명이 건너

왔다.

1830년에서 1888년 사이, 브라질에서도 해방 노예들이 서아프리카로 이주했다. 미국식민협회 같은 조직적인 계획은 없었지만, 항해와 재정착 기금을 모아 이주가 진행된 경우가 많았다. 8천여 명이 대서양을 건너 라고스, 우이다, 포르트노바, 아구에 등의 서아프리카 항구도시에 정착했다. 베냉이나 나이지리아에 사는 그들의 후손들은 아구다스Agudas라고 불리는데, 요루바어로 '가톨릭 신자'라는 뜻이다. 가나에서는 따봉tá bom이라고 불린다. 포르투갈 어로 아주 좋다는 뜻으로, "요즘 어때?" "일이 잘돼 가?"라는 질문에 보통 따봉이라고 답한 데에서 유래했다. 그래서 서아프리카 지역에는 음식이나 건축양식 등에서 브라질인들의 영향이 계속 남아 있다.

1850년대 미국에서는 급진적인 아프리카 귀환 운동이 벌어졌다. 언론인, 의사, 노예제 폐지 운동가로 활동한 마틴 딜레이니Martin Delany는 미국에서 '흑인 민족주의의 아버지'로 널리 인정받는 사람이었다. 그는 흑인 민족이 스스로의 경제 상황을 통제하고 정치 주권을 가지려면 인구의 다수가 흑인인 곳에 살아야만 한다는 결론에 도달했다. 1835년 필라델피아에서 열린 전미 유색인종회의에 참석한 후 딜레이니는 아프리카 동해안에 '블랙 이스라엘'을 세워야 한다는 생각을 하게 되었다. 저서 《정치적 관점에서 본 미국 유색 민족의 환경, 향상, 이주, 그리고 운명The Condition, Elevation, Emigration, and Destiny of the Colored People of the Unitied States, Politically Considered》(1852), 그리고 선언문 〈아메리카 대륙 유색인종의 정치적 운명〉(1854)에서 딜레이니는 미국엔 흑인들의 미래가 없다고 주장했다. 다른 곳에 새 나라를 세워야 한다는 것이다. 서부 인도나 남아메리카가 그 후보지였다. 결국 그는 서아프리카로 눈을 돌려 1859년 식민지를 세울 땅을 찾아 라이베리아로 떠났다.

그러나 1860년 딜레이니는 별다른 소득 없이 미국으로 돌아왔다. 남북전쟁 기간에는 아프리카계 미국인 부대를 모집하고 지휘했으며, 1865년에는 소령으로 임관하여 미군 최초의 흑인 야전 장교가 된다. 전후에는 프리드먼 사무소Freedmen's Bureau | 1865~1872년 운용된 미국 최초의 연방 복지기관. 노예해방으로 자유민이 된 이들의 의식주, 교육, 의료, 법적 문제 처리 등 복지 문제 해결을 위해 활동 | 에서 일했고, 예전에 노예였던 이들에게 토지를 재분배하자는 운동을 전개했다. 이 운동이 실패하면서 딜레이니는 다시 식민지 건설에 관심을 쏟았다. 하지만 이를 실행할 동력이 부족했다. 아프리카계 미국인 대부분은 너무 쉽게 압제자들이 원하는 대로 따라가는 일이라 여기고 식민지 건설 사업에 협력하지 않았다. 딜레이니는 인종의 순수성, 흑인 분리주의, 아프리카 중심의 문화 정체성 등을 강조하는 이데올로기적 유산을 남겼다. 폴 커프처럼, 딜레이니는 마커스 가비의 선구자 격인 인물이었다.

마커스 모지아 가비Marchus Mosiah Garvey(중간 이름은 모세라는 뜻
이다)는 20세기에 가장 중요한 '아프리카 복귀' 운동을 이끌었다.
가비는 장기적인 목표인 귀환에만 집중하지 않았고, 우선 검은 피
부와 아프리카 혈통임을 자랑스러워하라고 강조했다. 그는 아프
리카를 방문한 적이 없다. 그에게 귀환은 정신적이고 비유적인 측
면이 훨씬 강했다. 1924년 가비는 매디슨 스퀘어 가든에서 이렇게
외쳤다. 언젠가, 사람들이 그 지친 등을 니제르 강둑에 눕히고 쉬
면서 "에티오피아의 신께 우리의 노래를 들려주고 우리의 찬송을
부르는" 것이 자신의 소망이라고. 가비는 성경 구절을 이용한 암
시로 청중들의 마음을 들끓게 했다. 그 자리에 있는 사람들 대부
분은 자신들이 아프리카를 보지 못하리라는 사실을 이미 잘 알고
있었다. 그러나 그 깨달음은 끓어오른 감정을 꺾어 버리기는커녕
더 강렬하게 만들었다.

바빌론 타도를
외쳐라

마커스 가비는 라스타파리 운동의 예언자였다. 1935년
런던으로 가려고 자메이카를 떠나기 전, 가비는 따르는 사람
들에게 이렇게 말했다고 한다. "아프리카에서 등극한 흑인 왕이

구원자가 될 것이다." 이 말을 예언으로 받아들인 라스타파리 신자들은 1930년부터 74년까지 에티오피아의 황제였던 하일레 셀라시에가 그 두 번째 메시아라고 믿었다. 황제의 본명은 타파리 마콘넨이었고, 보위에 오르기 전 호칭이 '라스Ras'(공작, 왕자)였다. 《케브라 네가스트》| 에티오피아 성서 | 에 나오는 솔로몬 왕과 시바 여왕 사이의 아들 메넬리크는 에티오피아 황가 계보의 기원이다. 메넬리크는 예루살렘에서 언약궤를 가져와 에티오피아인들을 신이 선택한 민족으로 세웠고, 솔로몬은 예수의 조상이므로 에티오피아의 왕은 신성하다. 1930년 라스 타파리는 즉위하면서 "하일레 셀라시에 1세 폐하, 유대족의 정복자 사자왕, 왕 중의 왕, 황제, 신이 선택한 자"가 되었다. 이 호칭은 라스타파리 문화에서 주문처럼 자주 등장한다. 종교 색채가 강한 레게음악에서도 빼놓을 수 없는 요소이다. 하지만 하일레 셀라시에도 마커스 가비도 라스타파리 운동과는 상관이 없다. 황제는 애초에 자신을 숭배하는 사람들의 존재를 알지도 못했고, 가비는 황제 숭배를 비판했다.

라스타파리 신자들에게 에티오피아는 약속의 땅이었다. 노예들의 종교적·문학적 전통에서 에티오피아와 시온은 아프리카를 의미했다. 자메이카인들도 '에티오피아'를 특정 장소에 있는 실제 나라라기보다는 아프리카 일반을 가리키는 말로 썼다. 1930년대 이탈리아가 침략하기 전까지 유럽 열강의 지배에서 벗어나 있던 흔

치 않은 아프리카 독립국가, 에티오피아는 영감의 원천이었다.| 하

일레 셀라시에는 1936년 에티오피아를 침략한 무솔리니의 이탈리아군에 맞서 싸우다 영국으로 망명

했다. 1941년 영국에 의해 복위되어 1974년까지 에티오피아 제국의 마지막 황제 자리를 지켰으나 군

사 쿠데타로 실각, 다음 해 사망하였다.| 하일레 셀라시에도 속한 에티오피아

정교회는 기원전 4세기부터 존재했다.

　라스타파리 신자들은 하일레 셀라시에가 신성하다는 증거를 성

경에서 찾았다. 〈시편〉 68편 31절, 에티오피아인이 하나님을 향하

여 그 손을 들어 올린다는 구절은 그들이 언약궤를 받아들여서 구

원자 역할을 하게 될 것이라는 의미다. 〈요한계시록〉 5장 2절에서

5절, 유대의 사자獅子가 일곱 봉인을 떼리라는 구절은 에티오피아

의 황제가 종말로 향하는 역사의 힘을 풀어 놓게 된다는 의미로

해석했다.

　1930년대, 자메이카 킹스턴의 슬럼가에는 언젠가 에티오피아

여권이 된다면서 하일레 셀라시에의 사진이 들어간 엽서를 파는

사람이 있었다. 그의 이름은 레너드 하웰Leonard Howell이었다. 그

는 적어도 1933년부터 하일레 셀라시에가 신성하다고 주장했다.

하일레 셀라시에는 현대의 네부카드네자르(기원전 586년 예루살렘

의 첫 성전을 파괴한 바빌론 왕. 바빌론의 상징)를 없애 버리기 위해 지

상에 재림했고, 서구에서 떠도는 신세인 아프리카계 사람들은 사

라진 이스라엘 부족들 중 하나라는 것이다. 하웰은 이 주장을 정

리한《약속의 열쇠The Promised Key》(1935)에서 흑인들이 아프리카로 돌아간다고 예언했다. 선동 행위로 체포되었다가 복역한 뒤, 하웰은 추종자들을 데리고 황야에 들어갔다. 그리고 1940~50년대, 킹스턴 외곽의 언덕 위에 만들어진 공동체 피나클Pinnacle(산꼭대기)에서 라스타파리 운동은 지금의 모습을 갖췄다.

흔히 레게 머리라고 하는 '드레드락dreadlock'은 라스타파리 신자들의 전형적인 스타일로, 멋을 낸 것이 아니라 그 반대였다. 피나클 공동체에 들어간 사람들은 머리가 엉키고 꼬일lock 때까지 자라도록 내버려 두었다. 사람들은 이들을 락스맨locksmen 혹은 내티 드레드natty dreads라고 불렀는데, 드레드dread는 신을 경외한다는 의미와 함께 바빌론에서의 소외를 뜻했다. 신자들은 고향을 떠나 노예가 된 이스라엘인들과 자신들을 동일시하면서, 모세 율법을 따르는 엄격한 생활을 했다. 이들을 잠깐 동안이나마 이 소외에서 해방시켜 우주와 영원을 엿보는 성스러운 상태로 데려가 준 것은 간자ganja 또는 센시밀라sensimilla('씨가 없다'는 뜻의 스페인어 sin semillas에서 온 말)로 불린 신성한 약초였다. 어쩌다 황무지에서 돌아온 라스타파리 신자들은 거리를 배회하며 자메이카 사회를 맹렬히 비난했다. 그들은 소리쳤다. "바빌론 타도Chant down Babylon!" | 이는 세계적인 레게음악 스타이자 라스타파리 신도였던 밥 말리의 유작 앨범《Confrontation》(1983)에 실린 노래 제목이기도 하다. |

바빌론에서 풀려나는 궁극적인 방법은 아프리카로 귀환하는 것이었다. 적어도 초기 라스타파리 교인들은 노예로 왔던 이 나라를 한꺼번에 떠나 돌아가게 되리라고 믿었다. 이 목표를 실현하는 첫 단계는 1937년 뉴욕에서 창립된 에피오피아세계연맹Ethiopian World Federation(EWF)이 다음 해에 만든 자메이카 지부였다. EWF는 대對이탈리아 식민 투쟁에 대한 관심을 집중시키고자 모든 아프리카계 사람들의 단결과 연대를 촉구했다. 1955년, EWF는 셀라시에 황제가 에티오피아 해방전쟁을 돕는 서구 아프리카 동포들의 정착을 위해 5백 에이커의 토지를 하사했다고 발표한다. 이 계획이 성공하면 다른 은사도 베푸실 것이다. 마침 영국(또 다른 바빌론)에 몰아닥친 이상 한파로 수천 명의 자메이카 이주민들이 집을 잃어버렸을 때 보도된 이 뉴스는 라스타파리 신자들을 흥분시켰다. "귀환은 지금이다!" 외침이 터져 나왔다.

1966년 4월, 하일레 셀라시에가 나흘간의 일정으로 자메이카를 방문할 것이라는 소식이 전해지자 대규모 귀환 추진에 대한 기대가 최고조에 달했다. 황제 초대는 라스타파리의 기획이 아니었다. 노예제를 연구하는 역사학자이자 트리니다드토바고 수상인 에릭 윌리엄스Eric Williams의 초대로 트리니다드토바고를 방문하는 길에 잡힌 일정이었다. 하지만 황제를 환영하는 자메이카의 인파는 엄청났다. 〈이사야〉 43장 6절이 입에 오르내렸다. "내가 북쪽에게 이르기를, 내놓으라. 남쪽에게 이르기를, 가두어 두지 말라. 내 아들들을 먼 곳에서 이끌며, 내 딸들을 땅 끝에서 오게 하리라."(개역개정) 그러나 황제의 방문은 대규모 귀환으로 이어지지 않았다. 젊은 라스타파리 교인들은 곧 '이주보다 해방'이라는 생각을 품게 되었다. 귀환의 전주곡으로서 자메이카에 자유와 해방을 가져오는 일에 집중하자는 것이었다.

귀환이 꼭 말 그대로의 귀환이어야 하는 것은 아니다. 오히려 알레고리 형태일 때 더 강력한 힘을 발휘할 수도 있다. 아프리카와의 연결 관계가 가장 크게 영향을 끼친 분야는 대중문화, 그중에서도 대중음악이다. 라스타파리 운동은 새로운 음악 장르인 나이아빙기nyabinghi를 낳았다. 나이아빙기는 쿠미나교를 믿은 노예들의 노래와 춤에서 생겨났다. 가장 유명한 음악인은 카운트 오시 Count Ossie(오즈월드 윌리엄스)로, 그 리드미컬한 드럼과 소리 지르는 듯한 보컬은 사람들의 영혼을 깨우기 위해 만들어진 19세기 노예음악의 영향을 잘 보여 준다. 카운트 오시는 1950년대에 킹스턴 동쪽의 라스타파리 공동체에 가입했다. 그가 조직한 그룹 '미스틱 리빌레이션 오브 라스타파리Mystic Revelation of Rastafari'는 큰 인기를 모았고, 1973년에 발표한 앨범 《그루네이션Grounation》은 명반으로 꼽힌다.

나이아빙기의 요소가 들어 있긴 하지만, 레게음악은 1960년대에 자메이카에서 유행하던 스카ska와 록 스테디rock steady에서 더 직접적인 영향을 받았다. 요즘의 레게 스타들은 드레드락 스타일로 머리를 땋고 마커스 가비와 하일레 셀라시에를 언급하긴 하지만 라스타파리 운동과 직접적인 관련이 거의 없다. 운동의 전통을 엄격하게 지키려는 사람들은 대중음악과 거리를 둔다. 그러나 레게와 라스타파리는 떼려야 뗄 수 없는 관계를 맺게 되는데, 불세출의 위대한 레게 스타 밥 말리Bob Marley가 라스타파리로 개종하기 때문이다.

밥 말리는 1945년 마커스 가비가 태어났던 자메이카 교구에서 출생했다. 60년대 초반 피터 토시, 버니 리빙스턴(후에 버니 와일러로 개명한다)과 '밥 말리와 웨일러스Bob Marley and the Wailers' | Wailers 는 '울부짖는 사람들' | 밴드를 결성하고, 1975년 밴드 구성원 모두가 라스타파리 신앙을 갖게 된다. 비록 그해 하일레 셀라시에가 사망하지만, 웨일러스는 '루트 레게roots reggae' 장르 앨범의 첫 작인《내티 드레드Natty Dread》를 내놓는다. 밥 말리는《라스타맨 바이브레이션Rastaman Vibration》,《엑소더스Exodus》,《서바이벌Survival》,《업라이징Uprising》 등의 앨범을 계속 발표해 전 세계에 라스타파리의 목소리를 전하다가 1981년에 36살의 나이로 사망한다. 말리의 장례식은 자메이카 역사상 가장 성대한 장례식이었다. 청동관에 누운 밥 말리의 오른손에는 〈시편〉 23절, "주님은 나의 목자시라"가 펼

쳐진 성경이 놓였다. 왼손에는 기타가, 머리에는 라스타파리 분파인 '이스라엘 열두 지파'의 모자가 씌워졌다.

레게는 여러 갈래로 진화하며 전 세계적인 음악이 되었다. 버닝 스피어는 아프리카 중심주의적인 루트 레게 스타일을 이끌었다. 리 '스크래치' 페리(업셋터The Upsetter)는 덥dub 레게를 발전시키며 자메이카와 영국에서 가장 영향력 있는 프로듀서가 되었다. 브리가디어 제리와 일라위가 주도한 '자 러브 뮤지크 인터내셔널 Jah Love Muzik International'은 즉흥적인 요소를 가미한 새로운 디제잉 스타일로 이스라엘 열두 지파의 사상을 전달했다. 성경 인용으로 점철된, 이들의 강렬한 라이브 연주를 담은 해적판 카세트테이프는 자메이카뿐 아니라 런던과 뉴욕에서도 유통됐다. 옐로우맨, 에크-아-마우스, 배링턴 레비 등이 개척한 댄스홀 스타일은 레거머핀raggamuffin(래거ragga) 장르를 낳으며 힙합과 랩에 결정적인 영향을 끼쳤다. 레게음악에서 종교적인 내용은 점점 사라지거나 형식화되는 추세지만, 20세기 후반기에 아프리카인 디아스포라의 통합이라는 사유를 대중화시킨 공로는 다른 어떤 문화 장르보다도 음악에 돌려져야 한다.

이런 관점에서 영국의 아프리카-카리브계 음악인들은 진정한 혁신가들이다. 1940년대부터 영국으로 이주한 자메이카인들은 인종차별과 극심한 소외에 시달렸다. 런던, 버밍엄, 그리고 다른 잉

글랜드 도시들에서 라스타파리 운동이 활발해진 것은 자메이카인들의 성장과 맞물린다. 카리브 해 레게 스타들은 유럽 순회공연을 런던에서 시작하고 끝맺는다. 스틸 펄스처럼 영국에서 결성된 밴드들은 날카로운 비판 의식을 드러내는 저항음악을 만들었고, 린턴 퀘시 존슨, 시스터 네티파, 벤자민 제퍼나이어 등은 덥 포이트리dub poetry라는 새로운 음악 장르를 선보이며 마찬가지의 급진성을 드러냈다. 스카와 레게 리듬은 영국의 투톤two-tone이나 펑크 뮤직에도 엄청난 영향을 줬다. 펀자브 지방의 전통음악에 록 스타일을 가미한 방그라Bhangra 뮤직은 인도 펀자브 이주민들의 이주 덕분에 등장할 수 있었다. 아파치 인디언이나 밸리 사구 등의 아티스트들은 여기에 레게 댄스홀 리듬을 더하는 작업을 했다.

원을 완성시키듯이, 레게는 아프리카 아티스트들에게 영감을 줬다. 밥 말리는 전투적인 범아프리카 민족주의를 표방했다.《서바이벌》앨범이 대표적이다.《라스타맨 바이브레이션》에 실린 인종차별주의를 반대하는 노래 〈워War〉에는 하일레 셀라시에의 1963년 UN 연설이 삽입되어 있다. 이 노래는 로디지아(현재의 짐바브웨)를 비롯해, 아프리카 전역에서 혁명을 꿈꾸는 이들을 고취시켰다. 1980년 4월 18일, 짐바브웨의 독립기념일에 하라레에서 열린 밥 말리의 공연은 아프리카 음악에 커다란 충격을 안겼다. 서부 아프리카 코트디부아르 | 영어명은 아이보리코스트 | 의 알파 블론디는 자메이카

의 루트 레게 스타일에 서아프리카 음악의 멜로디를 더해 아프리카 레게음악의 첫 번째 스타가 되었다. 최근에는 말리의 아스키아 모디보가 현지의 5음계를 레게 비트, 여성 코러스, 관악기 연주, 저항적인 가사와 결합시켜 아프리카 전체는 물론이고 프랑스에서도 인기를 끌었다. 레게는 그야말로 탁월한 디아스포라 음악이다. 적어도 음악 안에서는 아프리카 귀환의 꿈이 성취되었다.

5장

세계화

A global concept

탈식민, 재이주, 난민 지위, 늘어난 이민자 수, 해외 이주자 포섭 노력 등 최근의 변화들을 파악할 때 디아스포라는 많은 것을 설명해 줄 수 있는 개념이다. 여러 차원들을 고려할 때, 디아스포라는 세계화 시대를 대표하는 용어라고 할 수 있다.

세계화 시대를 맞이하면서 디아스포라는 이상하리만치 더 널리 쓰이는 말이 되었다. 제2차 세계대전 이후의 연이은 변화 때문이다. 전 세계로 흩어진 아프리카계 집단들은 탈식민 시대에 이르러 새로운 연대를 구축했다. 아시아 이민자들은 살아온 나라에서 쫓겨나 새로 독립한 나라로 돌아가야 했다. '재이주repeat migrant' 현상과 함께 국제적으로 인정되는 난민 지위 개념이 생겨난 것도 우리 시대의 특징이다. 최근 수십 년 동안 이주자 수는 놀랄 만큼 증가했다. 그래서 국제 이주의 새로운 시대, 디아스포라의 시대가 열렸다는 주장도 나왔지만, 이 주장은 역사적인 맥락 속에서 검증될 필요가 있다. 해외 동포들에게 투자 수익이나 이중국적을 보장해 주고, 이들의 경제적·정치적 자원을 활용하려는 국가들이 늘어난 것도 현대에 들어 두드러진 현상이다. 탈식민, 재이주, 난민 지위, 늘어난 이민자 수, 해외 이주자 포섭 노력 등 최근의 변화들을 파악할 때 디아스포라는 많은 것을 설명해 줄 수 있는 개념이다. 여러 차원들을 고려할 때, 디아스포라는 세계화 시대를 대표하는 용어라고 할 수 있다.

재이주와
난민

탈식민 시기로 접어든 20세기 중반부터 새로운 종류의 이주, 즉 '재이주'가 나타났다. 토착 주민들의 원한을 산 아시아인 이민자들은 길게는 몇 대씩 살아온 나라에서 쫓겨났다. 아시아와 동아프리카 식민지에 독립의 기운이 무르익을수록, 중국인과 인도인 이주민 사회는 점점 높아지는 토착민들의 강한 경제적·정치적 반감에 부딪혀야 했다. 상황이 격화되면서 디아스포라 개념으로 설명하기에 적당한 추방과 비자발적 이주가 뒤따랐다.

20세기에 동남아시아의 중국계 이민자들은 경제적으로 번영했지만, 이민자들을 싫어하는 토착민들의 반발 앞에서는 무력했다. 말레이시아, 인도네시아, 태국, 베트남 등지의 중국인들은 여러 사업을 주도했다. 일찍이 1914년에 시암의 왕 라마 6세는 중국인을

"동양의 유대인"이라고까지 불렸다. 대공황 시기를 지나면서 적대감은 더 커졌다. 1938년 시암은 민족 정체성을 뚜렷이 하고자 국명을 태국으로 바꿨고, 그러면서 꽤 큰 규모였던 중국계 이주민 사회와의 골도 더 깊어졌다. 이후 수십 년간 중국인들의 사업에는 강한 규제가 뒤따랐다. 현재 태국의 중국계 주민들은 현지 사회에 거의 동화되었다. 동남아시아에서는 보기 드문 경우이다.

인도네시아에서는 반중 정서가 더 심했다. 제2차 세계대전이 끝났을 때 중국계는 전체 인구의 4퍼센트에 불과했지만 인구수로는 3백만 명에 달했다. 네덜란드 식민 지배에 저항한 1945년에서 1949년까지의 기간은 폭력의 고삐가 풀리기 시작한 때이기도 하다. 독립 이후인 50~60년대에 10만 명 이상의 중국계 주민들이 인도네시아를 떠났고, 그중 상당수는 중국 정부가 마련해 준 배를 탔다. 하지만 중국에서도 이들을 환영하지 않았다. 언제나 그랬듯이 돌아가기를 택한 이들은 두 문화 사이에 갇힌 신세가 되었다. 그 어디도 고향이 아니었다.

60년대는 혼란기였고 반중 폭동이 잦았다. 1965년 공산주의자들의 쿠데타가 실패하면서 다음 해까지 계속된 공산주의자 색출로 수천 명의 중국계 이주민들이 살해당하거나 집을 잃었다. 권력을 잡은 수하르토Suharto 장군은 이주를 독려해서 중국인들의 정체성을 희석시키는 한편, 경제에 보탬이 될 만한 중국계 사업가들의 활동은 눈감아 주었다. 수하르토 정부는 한자 사용을 금지하고, 공공장소에서 중국어를 쓰지 못하게 했으며, 중국어를 가르치는 학교의 문을 닫고, 중국 전통 축제를 불법화했다. 이름을 바꾼 중국인들이 많았지만, 주민등록증에는 혈통을 기재해야 했다. 그 와중에도 중국인 사업가들은 정부와 끈끈한 관계를 유지했고, 부를 쌓거나 권력에 근접한 사람들도 있었다. 수하르토가 실각한 1998년에 반중 정서가 폭동으로 터져 나왔다. 중국인들의 사업 기반은 뿌리째 흔들리거나 불에 탔고, 수천 명이 공격당하고 살해당했으며, 조직적인 강간도 발생했다. 다시 한 번, 수만 명의 중국인이 인도네시아를 떠났다.

탈식민 시기에 인도계 이주민들은 해당 사회 전체의 반발에 직면했다. 1930년대 버마의 반식민 투쟁과 대공황이 반인도 정서를 심화시켰다. 경제 불황의 여파로 체티 카스트에 속해 상업과 은행업에 종사하던 인도인들은 지역 경작민들이 저당 잡힌 땅을 회수하기 시작했고, 막대한 토지를 잃은 버마인들은 모든 인도인을 표적으로 삼게 되었다. 1930년 인도인 부두 노동자들의 파업 이후 랑군에서 120명 이상이 살해당하고 2천 명 이상이 다쳤다. 십수 년간 더 많은 폭력 사태가 일어났다. 제2차 세계대전 기간에 50만 명 이상의 인도인들이 걸어서 인도 북부의 아삼 주로 건너갔다. 1948년 버마가 독립했을 때 인도인들은 시민권을 받지 못했다. 남아 있던 인도계 이주민 대부분도 1962년 추방되었다.

1948년 독립하고 1972년 스리랑카로 국명을 바꾼 실론에서도 비슷한 상황이 벌어졌다. 남부 인도계인 타밀족은 신할리족이 다수인 실론에서 새 헌법의 보호 대상이 아니었다. 인도에서도 국적을 주지 않았기 때문에 타밀족은 인도와 실론이 송환을 결정한 1964년까지 나라가 없는 상태였다. 이후 20년 동안 수십만 명의 타밀족이 인도로 '귀환'했지만, 오래전 그들의 조상이 떠났던 그 땅에서는 그저 이방인일 뿐이었다. 스리랑카에서는 타밀족 집단 학살이 계속 발생했다. 타밀 반군은 1983년부터 2009년까지 완강하게 저항했지만 결국 내전에서 패배했고, 수많은 사람들이 집과 가족을 잃고 인도로 떠나야 했다.

동아프리카 국가들의 독립 시기에 인도계 등 남아시아인들 역시 의혹의 대상으로 떠올랐다. 영국의 정책에 따라 토지를 소유할 수 없었던 인도계 이주민들은 일자리가 있는 도시 한쪽에 모여 살았다. 다른 어느 식민지의 인도인들보다 잘 교육받고 업무 숙련도가 높았던 이들은 식민 당국의 업무를 보조하는 일 등을 하면서 영국인과 토착민 중간 정도의 지위를 점했다. 케냐에선 인구의 2퍼센트, 우간다나 탄자니아에서는 1퍼센트 정도로 작은 소수 집단에 불과했지만, 아프리카인들은 이들을 식민 통치의 협력자로 간주했다. 독립이 다가오자 인도인들은 해외로 자산을 빼돌리거나 해당 국가의 국적이 아니라 영국 국적을 취득했다. 이 모든 행태가 식민지에서 막 벗어난 나라의 국민들에게 큰 반감을 샀다. 독립한 케냐, 우간다, 탄자니아는 특정 직업을 금지하거나 공공 서비스에서 배제하는 식으로 남아시아인들에게 대응했다.

그 결과, 동아프리카의 아시아인들이 해외로 빠져나가기 시작했다. 처음에는 자발적인 이주였다. 케냐에 살던 2만 3천 명 정도의 아시아인들이 65~67년 사이에 영국으로 갔다. 그 규모가 너무 커졌다고 판단한 영국 정부는, 일반 여권으로는 입국을 불허하고 영국에 가족 연고가 있는 경우에만 받아들였다. 부모나 조부모가 영국에서 태어나거나 입양 혹은 귀화한 경우에 한했다. 우간다는 아시아인 추방에 더 적극적이었다. 2만 4천 명의 아시아인들이 69년에서 71년 사이에 우간다를 떠났다. 대부분이 영국으로 갔고, 일부는 미국·캐나다·인도·파키스탄으로 향했다.

1972년 8월, 이디 아민 대통령이 꿈속에서 신의 계시를 받았다고 밝히면서 우간다의 위기 상황은 절정을 맞았다. 모든 아시아인은 90일 이내에 추방당할 위기에 처했다. 우선 영연방 국가들이 난민 수용에 나섰다. 영국이 2만 9천 명, 인도가 1만 명, 캐나다가 8천 명을 받아들였다. 유럽으로 6천 명, 미국에 3천 명이 갔다. 현금이나 자산을 들고 간 사람은 드물었다. 이른바 '우간다 아시아인'은 50~60년대에 영국으로 이민 온 파키스탄이나 방글라데시 사람들보다 교육 수준과 기술 숙련도가 높았다. 그러나 그들을 기다리는 건 도시가 이미 아시아 이민자들로 꽉 차 있다고 불만을 터뜨리는 영국인들의 강한 적대감이었다.

1970년 영국령 피지의 독립은 오랫동안 곪아 왔던 인종 갈등을 터뜨렸다. 인도계 인구가 토착 피지인보다 약간 더 많았고, 양편의 긴장은 하루 이틀 일이 아니었다. 1987년 인도계 피지인들이 누린 특권에 반감을 품은 군인들이 쿠데타를 일으켜 인도계가 주축인 정부를 전복시켰다. 이후 2000년에도 쿠데타 시도가 벌어지는 등 인도계는 광범위한 폭력에 노출되었다. 많은 인도계 피지인들이 오스트레일리아, 뉴질랜드, 미국, 캐나다 등지로 떠났다. 그리하여 인도계는 피지에서 소수파로 전락했다. 과거 네덜란드 식민지였던 수리남(식민지 시절의 명칭은 기아나)이 1970년 독립한 뒤에도 재이주가 일어났다. 인구의 40퍼센트(30만 명)가 인도계였는데, 그중 절반이 네덜란드에 정착했다. 비록 떠나라는 강요는 없었지만, 인종 간 긴장에 대한 두려움과 독립 이후의 삶에 불안감으로 네덜란드 시민권 취득을 원한 인도계가 많았다.

UN은 탈식민 이후 쫓겨난 이주민들(주로 중국계)을 난민으로 인정하고 보호했다. 흔히 난민 하면 오랫동안 전쟁, 질병, 기아를 겪은 이들을 가리킨다. 그러나 제2차 세계대전 이후 난민 문제에 국제적인 관심이 쏠리면서, 난민을 법적으로 규정하고 이들에 대한 구체적인 정책을 실행해야 할 필요성이 생겼다. 1950년 제네바에 본부를 두고 설립된 UN난민기구(UNHCR)는 전 세계 모든 난민들에게 인도주의적 구호를 제공하고 인권을 보호하는 활동을 전개했다(이스라엘 건국 이후 난민이 된 팔레스타인인은 UN팔레스타인난민구호사업기구(UNRWA)가 따로 관할한다). 난민 문제는 대량 이주와 디아스포라 개념에 대한 국제사회의 관심을 높였다.

난민 정책의 기원은 제2차 세계대전 시기로 거슬러 올라가지만, 그전에 없었던 국제적인 관심이 생겨난 것은 베트남전쟁 때문이다. 1975년부터 1990년대 초까지의 격동기에 베트남을 떠난 3백만 명은 거의 중국계 이주자, 화교華僑였다. 1975년 당시 사이공 주변에 주로 몰려 살던 중국인은 전체 인구의 5퍼센트에 불과했지만 무역 거래의 4분의 3을 점유하고 있었다. 전쟁이 끝나자 베트남 정부는 사적 거래를 금지하고 회사를 폐쇄시키고 외화를 몰수했다. 예전의 상업 종사자들은 군에 징집하거나 시골로 내려가 농사를 짓게 하고, 아니면 '재교육' 수용소에 보냈다. 베트남 경제에 가장 큰 활력을 불어넣었던 화교들은 곧바로 이 조치의 희생양이 되었다.

베트남의 중국계 주민들은 곧 바깥의 피난처를 찾기 시작했다. 1978년에 15만 명이 중국으로 떠났다. 중국 정부는 베트남의 조치에 반발했고, 두 나라의 관계는 급속히 얼어붙었다. 베트남이 1978

년에 캄보디아를 침공하자, 중국은 이를 구실 삼아 베트남과 전쟁을 벌였다. 베트남 북부의 화교들은 잠재적인 '제5열fifth column' | 제5부대. 1936년 스페인 내란 당시 4개 부대를 이끌며 마드리드를 공략한 우파 반란군의 몰라 장군이 마드리드 내부에 자신들에게 내응하는 제5부대가 있다고 말한 이래 간첩 혹은 내통자를 가리킴 | 취급을 받았고, 중심부와 멀리 떨어진 해안가로 추방되거나 상당한 돈을 내고 다른 나라로 떠나야 했다. 수만 명이 절망에 빠져 말레이시아나 태국을 향해 바다로 나갔다. 그리하여 1979년, 25만 명이 홍콩이나 중국 본토로 들어갔다.

중국계의 탈출은 '보트피플boat people'로 알려진 베트남 탈출 현상의 일부분이었다. 바다에서 실종되거나 해적에게 재산을 빼앗기는 사람들이 속출했다. 아시아 국가들은 난민 수용을 꺼렸고, UN난민기구가 나서서 홍콩·말레이시아·태국·인도네시아·필리핀에 난민 캠프를 만들었다. 미국은 80만 명 이상, 캐나다와 오스트레일리아는 각각 13만 5천 명의 베트남 난민을 받아들였다. 보트피플의 시련은 난민 캠프에서도 계속되었고, 미국에 들어간 베트남인들과 캄보디아인들은 난민 문제에 국제적인 관심을 이끌어 냈다. 2000년 12월, UN은 6월 20일을 세계 난민의 날로 정한다. | 원래 이날은 1974년 맺어진 아프리카통일기구(OAU) 난민협약의 기념일이자 '아프리카 난민의 날'이기도 하다 |

2010년, UN난민기구는 1천 5백만 명이 난민 상태라고 발표했다(UN팔레스타인난민구호사업기구의 기준에 따르면, 팔레스타인 난민 460만 명도 여기에 포함되어야 마땅하다). UN난민기구의 통계에 잡힌 난민 중에는 아프가니스탄 난민이 3백만 명으로 가장 규모가 크다. 소련이 아프가니스탄을 침공한 1979년 이후 10여 년간 6백만 명 이상의 아프가니스탄인이 아프가니스탄을 떠나 파키스탄이나 이란으로 갔다. 570만 명은 2002년 이후 고국으로 돌아갔지만, 2001년 미국의 침공 이후 또 다른 난민들이 생겨났다. 2010년 기준 170만 명이 파키스탄에 남았고, 통계에 잡히지 않은 난민 1백만 명이 더 있을 것으로 추산된다. 2010년 기준으로 이라크를 떠난 170만 명은 두 번째로 큰 규모의 난민들이다. 다음으로는 소말리아(77만 명), 콩고민주공화국(47만 7천 명), 미얀마(41만 6천 명) 난민들이 뒤를 잇는다. 일반적인 인식과는 다르게 대부분의 난민들은 서구에 살지 않는다. 2010년 기준 세계 난민의 80퍼센트는 개발도상국에 있다. 절반 정도가 아시아에, 4분의 1 정도가 아프리카에, 15퍼센트가 유럽, 4퍼센트가 북미에 거주한다. 난민들이 가장 많이 사는 나라는 파키스탄(190만 명)이다. 이란과 시리아에 각각 1백만 명, 요르단과 독일에 각각 50만 명의 난민들이 있다.

현재 UN난민기구는 '난민'보다 더 포괄적인 '보호대상자person of concern' 범주를 정해 지원하고 있다. 고국을 떠나 망명할 곳을 찾지 못해 보호가 필요한 이들, 그리고 점점 더 증가하는 '국내실향민'internal displaced people'(IDPs)들도 이 범주에 포함된다. 국내실향민은 자기 나라 안에 머물러 있지만 고향을 잃고 국제법상의 보호를 받지 못하는 이들을 일컫는다. 2010년 UN난민기구는 전쟁, 기아, 환경 문제 등으로 고향을 떠난 국내실향민 1천 470만 명에게 보호와 지원을 제공했는데, 겨우 집으로 돌아간 290만 명의 국내실향민도 이 혜택을 받았다. UN난민기구는 국적 없이 65개국에서 떠돌고 있는 350만 명을 추가로 확인했다. 같은 처지의 사람들이 1,200만 명에 달할 것으로 추산된다. 난민, 국내실향민, 그리고 여타 국적 없는 이들, 비자발적 이주민들을 합하면 4천만 명 이상이 디아스포라 상태인 것이다.

현대의
이주

2000년, UN은 12월 18일을 세계 이주민의 날 International Migrants Day로 선언했다. "세계 이주민의 수는 엄청나게 증가하고 있다." 선언문은 이주민들이 다른 인간과 동일한 권리를 갖고 있다고 천명했다. 일반적으로 국제 이주민의 기준은 다른 나라로 건너가 1년 이상 체류한 사람이다. 이 기준에 따르면, 2010년 기준 세계 인구의 3.1퍼센트가 국제 이주민이다. 얼른 보기엔 매우 적은 수로 보이지만, 70억의 3.1퍼센트는 2억 1,700만 명이다. 여기에 난민은 포함되지만, 국내실향민은 들어 있지 않다. 국제 이주민 전체가 아무도 살지 않는 한 나라로 이주한다면, 그 나라는 중국 - 인도 - 미국 - 인도네시아에 이어 세계에서 다섯 번째로 인구가 많은 국가가 된다.

세계 이주민의 수가 엄청나게 증가하고 있다는 UN의 선언은 표면상 옳지만, 오해의 소지도 있다. 이주자 수는 분명히 최근 몇 십 년 동안 증가했으나, 이주자의 비율은 그렇지 않다. '디아스포라'라는 말이 최근 치르고 있는 유명세는, 현 시대의 특징인 세계화 과정의 일환으로 세계가 최근 들어 전례 없는 인구 이동의 시기에 접어들었다는 근거 없는 믿음에 기대고 있다. 세계화의 기원을 찾아 몇 세기만 거슬러 올라가 보면, 지금의 이주는 그 역사적 맥락을 깊이 있게 고려해야만 제대로 이해할 수 있다는 것이 분명해진다.

미국을 예로 들자. 2000년에서 2010년 사이에 1천만 명 이상이 합법적으로 미국으로 이주했다. 단기 체류 비자가 만료된 후에도 머무르거나 밀입국한 이주자도 상당수 있었을 것이다. 그러나 그 모두를 고려해도 한 해에 150만 명 이상이라고 보기는 어렵다. 100년 전과 비교해 보면 오늘날의 이민율(즉, 전체 인구에서 해당 연도에 유입된 인구가 차지하는 비율)은 확실히 낮다. 1901년부터 1910

년 사이에 미국에는 대략 9백만 명 정도가 이주했다. 오늘날에 이르기까지 10년 단위로 끊어서 보면 이주자의 숫자는 그때마다 거의 비슷하다. 다만 1900년 미국의 인구는 7,500만 명에 불과했고, 현재는 3억 1,500만 명이다. 미국인들은 역사적으로 항상 거대한 이민의 파도 속에 살아왔으며, 이민이 사회에 미치는 충격은 과거가 더 컸다.

역사적으로 시야를 넓혀 보면, 현대 세계의 이주가 지닌 특성을 파악할 수 있다. 오늘날 이주민의 수는 엄청나게 많다. 매해 7백만 ~8백만의 이주민들이 국경을 넘어 이주한다. 그러나 이를 이주율로 환산하면, 이주민 수가 9백만 명 이상이 되어야 20세기 초반의 이주율과 비슷해진다. 현대를 디아스포라의 새 시대로 규정하는 사람들은 현대의 이주율이 아니라 그 엄청난 숫자에만 관심을 기울이는 셈이다. 이들은 디아스포라를 특별한 종류의 이주를 이해하기 위한 개념이라기보다는, 단순히 인구 이동이라는 의미로 사용하고 있다.

사실 국제 이주의 문은 한 세기 전보다 더 좁아졌다. 아시아에서든 대서양 연안 지역에서든 1830년 이후 100년간은 제한 없는 대량 이주의 황금시대였다. 유럽 이민자들을 대규모로 받아들인 미국, 캐나다, 오스트레일리아, 뉴질랜드는 제1차 세계대전 시기부터 이민에 제한을 두기 시작했다. 여기에 대공황과 제2차 세계대전의 영향이 더해져 유럽인의 대량 이주 시대는 막을 내렸다. 마찬가지로 아시아에서도 경제 불황과 1930년대 전쟁의 발발이 거대했던 이주의 물결을 끝내는 신호탄이었다. 1965년 미국이 새로운 국제 이주 시대를 선언하면서 인종 쿼터 제도를 폐지하긴 했지만, 세계 어디든 국제 이주는 덩치 큰 국가 관료제도가 맡아 규제하는 대상으로 굳어졌다. 유럽연합(EU)은 확실히 국경을 개방했지만 이는 유럽인에게만 한정된 조치였다. 이민 제한 시대를 대표하는 장치인 여권, 비자, 국경 통제는 그대로 남아 있다.

하지만 현대의 이주가 새로운 몇 가지 특징을 지니고 있는 것도 사실이다. 1960년대 이후, 역사상 처음으로 여성이 국제 이주민의 절반을 차지했다. 이전 시대에도 여성 이주는 있었지만 남성 가장이 먼저 옮겨 가는 것이 일반적이었고, 남성들은 가족 부양을 위해 짧게 혹은 정기적으로 이주를 택하는 경우가 많았다. 이주자 사회가 발전할 때 여성들은 남성 못지않게 중요한 역할을 한다. 남녀 성비가 인구통계학적 균형을 이루지 못하면 어떤 사회도 유지될 수 없기 때문이다. 하지만 예전의 이민자 집단에서 여성들은 보통 소수였다. 대부분의 국가들에서는 결혼했더라도 여성의 해외 이주가 금기시되었다. 젊고 미혼인 여성들의 이주는 상상도 못할 일이었다(19세기 아일랜드인들은 예외다). 또한, 해외 일자리들은 거의 다 남성들만이 할 수 있는 중노동이었다.

그렇다면 이제 이주자를 보내는 나라나 받는 나라에서 젠더 평등이 이루어져 남녀 성비가 비슷해진 것일까? 그렇지 않다. 고국에는 일자리가 없고, 이주하려는 나라에는 사회적 인식이 나쁘고 노동력 착취에 가까운 서비스 분야의 수요가 많아서 벌어진 현상이다. 아무도 그 일을 하려고 하지 않기 때문에 여성 이주자들이 그 틈을 메우는 것이다. 아이들이나 집에 머무는 가족을 돌보기 위해 이주하는 여성들도 있다. 이주자들은 해외로 가부장제를 그대로 옮겨 가는 경우가 많아 여성들이 기존의 제약에서 벗어나기는 쉽지 않다. 19세기에 뉴욕이나 보스턴으로 이주한 아일랜드 여성들이 어서 송금하라는 부모의 성화에 시달렸듯이, 오늘날에도 많은 라틴아메리카 여성들은 고향의 가족들을 부양하기 위해 미국으로 건너온다.

디아스포라적 연결 관계 형성과 이주를 손쉽게 해 준 새롭고 중요한 힘은 바로 기술이다. 이동 수단과 의사소통 방식의 혁신이 쉽고 빠른 이주를 낳았다. 1970년대에 비교적 싼 요금으로 많은 승객을 실어 나르는 항공 여객 산업이 등장한 이후 대부분의 장거리 이주는 배나 육로가 아니라 비행기를 이용하게 되었다. 인도에서 영국까지 배로 가려면 수개월을 항해해야 하지만, 이제는 열 시간이면 충분하다. 1980년대부터 시작된 값싼 국제전화 서비스는 고국의 가족과 더 자주 쉽게 소식을 주고받을 수 있게 해 주었다. 90년대 들어 인터넷이 출현하자, 이주민들은 집에 앉아 고국 사람들이나 디아스포라 친구들과 연락할 수 있게 되었다. 예전에는 꿈도 못 꾸던 일이다. 100년 전, 아니 불과 10여 년 전에 이주민들에게 집에서 인터넷전화를 쓸 수 있다고 말했다면 어떤 표정을 지었을까?

정보와 소통의 네트워크인 인터넷은 디아스포라 의식을 전파하는 완벽한 수단이다. 일방향 연결이 아니라 중심부 없이 다극화된 연결망인 인터넷은 디아스포라 개념과 유사하다. 이제 거의 모든 이주자 집단이 웹사이트, 블로그, 채팅 등을 활용해 온라인으로 주장을 가다듬고 존재를 드러내고 있다. 어느 학자의 말처럼 '장거리 민족주의long-distance nationalism'가 등장하기에 좋은 환경이다. 이 정치 참여 방식은 강렬하지만 묘하게 추상적이며, 해외에서 보람 있는 삶을 찾으려는 노력의 부산물이다. 그러나 이런 태도는 분명한 역사적 선례가 있다. 이주자들은 고국을 돕는 방법 못지않게 새로운 정착지에서 성공하는 길도 디아스포라적인 민족주의 안에서 항상 찾아냈다.

교류 촉진

메리 로빈슨Mary Robinson은 1990년 아일랜드 대통령
에 취임하자마자 대통령궁 창문에 항상 가스등을 켜 두었다.
최근에 이주했더라도 아일랜드계면 누구든지 아일랜드에 돌아
오기를 바란다는 상징적 의미였다. 미국에서 교육받아 아일랜드
계 미국인들의 경제적·정치적 힘을 잘 알고 있던 메리 로빈슨은
1995년 아일랜드 의회에서 '아일랜드 디아스포라의 소중함'이라
는 제목으로 연설하면서, 비극과 슬픔 속에서 생겨난 디아스포라
는 아일랜드의 귀중한 유산이라고 했다. 1998년 북아일랜드 평화
정착을 위한 벨파스트 협정의 일환으로 아일랜드 헌법 2조가 개
정되면서, "아일랜드는 문화적 정체성과 혈통을 공유하며 해외에
거주하는 아일랜드계인들과의 특별한 친연성을 소중히 여긴다"
는 조항이 삽입되었다.

국내외 아일랜드인들이 협력하자는 로빈슨의 계획은 '켈트 호
랑이'로 불리던 초고속 경제성장기(1995~2007)에 빛을 발했다. 많
은 아일랜드계 이주민들이 이 짧았던 호황기에 고국으로 돌아왔
다. 떠나는 사람들보다 들어와 정착하는 사람들이 많았던 것은 아
일랜드 근대 역사상 처음 있는 일이었다. 그러나 뒤이은 심각한
경제 불황으로 다시 이주자가 늘었다. 호황기 시절에 진 빚만 없

었더라면 더 많은 사람들이 떠났을지도 모른다. 2011년 아일랜드 정부는 아일랜드계 조상이 한 명이라도 있으면 누구라도 아일랜드계로 인정받는 새로운 규정을 마련했다. 또 2013년을 '귀환의 해'로 정해 '아일랜드인으로 태어나고, 자라고, 그 정신을 이어받은 자' 모두가 나라의 문화적·경제적 회복을 위해 기여하는 계기로 삼자고 발표했다.

1991년 독립한 아르메니아공화국도 유사한 태도를 취했다. 1998년 로베르트 코차리안Robert Kocharian 대통령은 디아스포라(아르메니아어로 '스푸크spurk')와의 관계를 강화하겠다고 선언했다. 외교부 내에 담당 부서가 생겨서 해외 아르메니아인 관련 문제를 전담했다. 1999년에는 52개국에서 온 800명의 대표가 1차 아르메니아 디아스포라 회의에 참석하기 위해 수도 예레반에 모였다. 2002년과 2006년에도 회의가 열렸다. 2008년에는 해외의 지원을 더 확보하기 위해 해외 아르메니아계인들에게 투표권을 포함한 이중국적을 부여하는 헌법 개정안이 통과되었다.

중국 정부도 디아스포라와 강력한 유대를 형성하는 작업을 계속 해 왔다. 타국 국적을 가진 이들을 포함한 해외 중국인들, 즉 화교華僑(Overseas Chinese)의 수는 4천만 명에 육박한다. 인도네시아, 태국, 말레이시아, 싱가포르, 미국, 캐나다 등에 많이 살고, 이 나라들보다는 못하지만 페루, 베트남, 필리핀, 미얀마에도 상당수가 거주한다. 사업과 투자로 묶인 글로벌 네트워크 속에서는 밴쿠버, 시드니, 뉴욕 등의 도시들도 싱가포르, 홍콩과 얽혀 있다. 과거에 한 번도 만난 적이 없을지라도 전 세계의 중국인 사업가들은 공통의 문화적 바탕 덕분에 어느 도시에서 만나더라도 쉽게 협상할 수 있다. 새로운 글로벌 차이나타운이 형성되어 있는 것이다.

이 국제 네트워크에서 오고가는 자산 규모에 주목한 중국 정부는 발전하는 중국 경제에 관심 있는 중국계 해외 사업가들에게 여러 가지 편의를 제공하는 조치를 했다. 국무원 직속의 국무원교무판공실國務院僑務辦公室·Overseas Chinese Affairs Office(OCAO)은 해외 중국인들의 권리와 이익을 보호하고, 해외의 중국어 미디어와 중국어 학교를 지원하며, 경제·과학·문화 분야 교류를 촉진하는 일을 한다. 중국의 모든 직할시, 자치구, 성省에는(티베트는 제외) 이 기구의 하부 조직이 존재한다. 한 조사에 따르면, 중국에 대한 직접투자 중 4분의 3을 화교들이 차지한다고 한다.

중화인민공화국은 이중국적을 허용하지 않는다. 화교라 해도 다른 나라 시민권을 갖고 있지 않아야 특정 조건 하에서 중국 국적 취득이 가능하다. 하지만 중국과 화교들 사이에 전례 없이 긴밀한 관계가 형성된 요즘에 이르러서는 국적을 초월한, 새롭고 전 세계적인 의미의 '중국적인 것'이 나타나고 있다. 근래 들어 많은 화교들이 고등교육을 받기 전에 중국에서 초등·중등교육을 받는 경우가 많은데, 이 과정을 거친 이들은 중국과 공산당에 높은 충성심을 갖기 된다. 해외 중국인의 자녀들은 국무원교무판공실에서 주최하는 여름 캠프에 참여해서 자기 뿌리를 잊지 않도록 교육받고 앞으로 계속 거주할 해외의 집으로 돌아간다. 이런 새로운 화교들이 중국 정부와 긴밀하게 협력하면서 중국의 이익을 위해 열심히 로비를 벌이기도 한다. 이들의 줄타기는 특히 경제 영역에서 일반적인 현상이다.

인도 정부의 노력도 비슷하다. 네팔, 말레이시아, 미얀마, 싱가포르, 남아프리카, 모리셔스, 트리니다드토바고, 피지 등의 나라에는 오랫동안 형성된 큰 규모의 인도인 사회가 존재한다. 제2차 세계대전 이후에는 영국으로, 60년대 이후에는 미국·캐나다·오스트레일리아로 많은 인도인들이 건너갔다. 최근에는 석유로 부유해졌지만 노동력이 부족한 페르시아 만 지역 국가들이 무슬림 인도인들의 주요 이주처이다. 이 나라들은 시민권을 잘 주지 않기 때문에, 인도인들은 쉽게 다른 이민자들로 교체되는 노동 착취에 가까운 일을 하면서 단기 체류하는 경우가 많다. 반면에 미국의 인도인들은 여타 이주민 집단 중에서도 가장 높은 교육 수준과 뛰어난 경제적 성취를 자랑한다.

인도 정부는 경제적 도움을 기대하면서 해외 동포들에게 다양한 편의를 제공했다. 70년대 후반, 해외에 계속 거주하면서도 인도 국적과 여권을 지닌 사람들을 가리키는 '비거주인도인Non-Resident Indian'(NRIs) 분류가 생겨났다. 1999년에는 더 포괄적인 분류인 '인도계인Persons of Indian Origin'(PIOs)을 만들어 인도에서 출생했거나 4대 위로 인도인 조상을 둔 외국 국적자를 포함시켰다. PIO 증명서 발급에는 어른 1만 5천 루피(300달러), 미성년자 7,500루피가 소요되는데, 15년간 비자 없이 인도에 입국할 수 있는 자격이 생긴다. 1991년, 1998년, 2000년에 인도 정부는 해외 자금을 끌어들이기 위해 총 123억 달러에 달하는 '디아스포라 채권'을 발행하였다. 2000년 인도 최고위원회는 '인도인 디아스포라'에 대한 국제 정책의 윤곽을 잡았고, 2003년 해외인도인사무부와 인도상공회의소연맹은 '인도인 디아스포라의 날'을 연례행사로써 처음으로 개최했다.

2004년 인도 정부는 '인도해외시민권Overseas Citizenship of India'(OCI)을 만들어 1950년 이후 이주한 모든 인도인들이 이 자격을 가질 수 있도록 했다(파키스탄과 방글라데시에서 해외로 나간 사람들은 제외). 이 명칭이 주는 인상과 달리, 인도 헌법의 제한 때문에 OCI는 이중국적이 아니다. 그러나 평생 동안 비자 없이 인도를 자유롭게 드나들 수 있는 권리는 주어졌다. 5년간 OCI 자격을 유지한 사람들은 적어도 1년 이상 인도에 머물면 인도 시민권을 신청할 수 있지만, 다른 국적은 포기해야 한다. PIO나 OCI 자격이 있으면 인도에 입국할 때 간편 입국 심사를 받을 수 있으며, 외국인에게 해당되는 재정 규제나 특별세를 폭넓게 면제받고, 수입과 투자에서도 다양한 세금 면제 혜택을 누릴 수 있다.

디아스포라 문제는 아프리카연합African Union(AU)에도 주요 업무이다. 2002년 아프리카 단결 기구를 계승해 54개국으로 조직된 아프리카연합에는 모로코를 제외한 아프리카 국가 전체가 참여했다. 2003년 2월 에티오피아의 아디스아바바에서 열린 회의에서 수정된 연합헌장에는, 아프리카 연합 발전에 기여하는 '아프리카 디아스포라'를 격려하는 내용이 포함되었다. 이듬해에는 아프리카연합 대표들이 가나에 모여 상호작용 촉진을 위한 디아스포라 아프리카 포럼Diaspora African Forum(DAF)을 창립했다. 2005년 4월, 아프리카연합은 '아프리카 디아스포라'를 이렇게 정의했다. 국적이 어디든 아프리카 대륙과 관계를 맺고, 경제적으로나 정치적으로 아프리카 통합의 이상을 기꺼이 추구하는 대륙 밖의 모든 아프리카계 사람들은 아프리카 디아스포라다.

아프리카연합은 두 개의 관련 국제회의도 지원하고 있다. '제1회 아프리카 지식인과 디아스포라 회의'(CIAD I)는 2004년 세네갈에서 열렸다. 700명의 아프리카 지식인과 북미·중미·남미·카리브 제도·유럽·아랍·아프리카의 문화계 인사들이 한자리에 모였고, 아프리카 각국 정부 요인들도 참석했다. 이 회의에서는 아프리카 디아스포라에게 북부·남부·동부·서부·중앙아프리카에 이은 아프리카의 '여섯 번째 지역sixth region' 지위를 주자는 압둘라예 와데 세네갈 대통령의 제안을 받아들였다.

두 번째 아프리카 지식인과 디아스포라 회의(CIAD Ⅱ)는 2006년에 브라질 사우바도르¹ 살바도르¹에서 개최되었다. 회의는 '21세기의 아프리카: 통합과 부흥'을 주제로 삼았다. 브라질 룰라 대통령의 주재로 열린 개막 첫날에는 여러 아프리카 정상들과 2004년 케냐의 노벨 평화상 수상자인 왕가리 마타이 등을 비롯한 1,200명이 참석했다. 회의는 범아프리카주의, 지식인들의 공헌, 아프리카와 디아스포라의 관계, 다문화적 맥락에서의 아프리카 정체성, 세계 속 아프리카의 위치, 과학과 기술 등 여섯 개의 하부 주제로 나누어졌다. 이 회의의 분위기가 잘 드러난 순간은, 미국의 전설적인 아프리카계 가수 겸 작곡가인 스티비 원더가 본인의 어머니가 해준 말을 들려줄 때였다. "우리는 해야 한다, 할 수 있다, 해내야만 한다, 해낼 것이다We should, we can, we must and we will."

아프리카연합회의는 미국 등지에 범아프리카 조직이 확산되도록 장려하고 있다. 세계의 많은 아프리카계 사람들이 범아프리카적인 정체성을 계속 받아들이는 추세인 것도 확실하다. 디아스포라 개념은 분명 정치적 동원의 확실한 수단이 될 수 있다. 2012년 아이티는 아프리카 대륙에 위치하지 않은 나라로는 처음으로 아프리카연합에 준회원국으로 가입했다. 디아스포라는 위대한 예술, 음악, 문학작품을 탄생시키는 촉매제이기도 한다. 납치와 유랑, 구출과 구원을 모두 담을 수 있는 개념이 바로 디아스포라다. 수많은 아프리카계 미국인들은 선택된 자가 고통을 감내해야만 사회 전체를 구원할 수 있다고 믿으며, 이 두 극단을 서로 떼어 놓을 수 없는 하나의 경험으로 겪어 냈다. 따라서 디아스포라는 단순한 착취의 서사가 아니라 통합과 해방의 근원이 될 수 있다.

6장

디아스포라의
미래

The future of diaspora

누가 어떤 목적으로 사용하느냐에 따라 디아스포라는 그 성격이 완전히 다른 두 가지 쓰임새를 갖는다. 하나는 민족주의를 떠받치는 것이고, 다른 하나는 그 반대이다. 전자는 차이를 없애고 동질화하며 후자는 인간의 여러 가지 경험을 분석하고 구분하는 중요한 역할을 할 수 있다.

디아스포라 개념은 서로 밀접한 세 측면인 이동movement, 관계 connectivity, 귀환return에 기반해 이주를 효과적으로 조명한다. 디아 스포라는 유대인, 아프리카인, 아일랜드인, 아시아인 역사의 여러 면모를 드러내는 동시에, 시공을 가로질러 다른 이주자 집단들에 도 적용될 수 있다. 예컨대 시크교도나 쿠르드족은 디아스포라의 틀에 잘 들어맞는다. 어떤 면에서 보면 로마족(집시)의 역사도 그 렇다. 근대 초기에 프랑스 위그노 |신교도| 신자 20여 만 명이 여기 저기로 쫓겨난 것도 디아스포라 차원에서 이해할 수 있다.

그렇다면 이 틀이 기타 집단이나 시대도 잘 설명해 줄 수 있을 까? 전 세계로 퍼져 나간 무슬림들의 특수한 이주 양상이나, 중세 초기처럼 국가의 힘이 무너지자 극심한 이주 현상이 오래 지속된 시기도 디아스포라로 해석하는 것이 옳을까? 그러나 디아스포라는 국가나 고국이 부재하는 상황에서는 그리 설득력 있는 개념이 아니다. 따라서 다른 시기보다는 고대, 그리고 특히 근대에 초점을 맞추는 것이 더 바람직하다. 무엇보다도 디아스포라 개념은 민족 국가와 긴밀하게 연결되어 있는, 근대적 성격이 강한 개념이다.

누가 어떤 목적으로 사용하느냐에 따라 디아스포라는 그 성격이 완전히 다른 두 가지 쓰임새를 갖는다. 하나는 민족주의를 떠받치는 것이고, 다른 하나는 그 반대이다. 전자는 차이를 없애고 동질화하며 복잡성과 다양성을 단일성으로 환원한다. 더 비판적인 태도인 후자는 인간의 여러 가지 경험을 분석하고 구분하는 중요한 역할을 할 수 있다. 디아스포라 개념을 평가하거나 그 미래 가능성을 타진하려면 서로 모순되는 이 두 가능성을 염두에 두어야만 한다.

충분한 고려 없이 디아스포라 개념을 남용하면 함정에 빠지기 쉽다. 학계는 물론이고 대중들 사이에서도 유행어가 된 이 말은 듣기에도 그럴듯하고 발음도 멋져서 별 실체도 없는 주장을 포장하기에 딱 좋다. 그 의미를 충분히 숙고하면서 쓰지 않으면 아무 의미도 없는 말이 될 테고, 숙고하고 쓰더라도 동질화나 과도한 단순화가 될 수 있다. 그래서 바빌론 유수, 대서양 노예무역, 아일랜드 기근, 아르메니아인 집단 학살 등 특정 사건 하나가 그 집단 전체의 이주 역사를 간단하게 대체하는 일이 벌어진다. 디아스포라 개념은 개별 사건들과 밀접하게 얽혀 있기 때문에 인종차별이나 집단 학살에 관한 역사적 은유로 손쉽게 귀결될 가능성도 높다. 그러나 모든 반이민 정서가 인종차별이라고 할 수 없듯이, 모든 이주가 출애굽과 같은 대탈주인 것은 아니다. 특정 집단을 대변한다고 자처하는 엘리트들의 관점에 기우는 경향이 있는 것도 디아스포라 개념의 함정 중 하나이다. 디아스포라 연구는 그래서 거대한 민족주의 역사의 일환으로 빨려 들어갈 수 있다.

그렇게 되면, 같은 지역에 모여 산 조상들을 뒀다는 이유 하나로 전 세계에 흩어져 사는 후손들이 한 묶음으로 엮이게 된다. 이 사람들은 사실상 '초국가적 민족transnational nation'의 구성원들이다. 시대를 초월해 하나의 문화를 구성하는 공동의 특징을 지녔다고 하는 이 이주민들이 어디에 살고 있는지는 전혀 중요한 고려 대상이 아니다. '아일랜드인 디아스포라'나 '아프리카인 디아스포라'가 아일랜드인이나 아프리카인의 후손이라고 주장하는 사람들이 전 세계에 퍼져 있음을 의미할 뿐이라면, 이 말이 무슨 필요가 있겠는가? 또한, 서로 다른 환경을 가진 전 세계 여러 지역에 정착한 사람들이 필연적으로 동일한 특질을 갖는다고 볼 근거는 무엇인가? 민족주의적 시각으로 아프리카인 디아스포라나 아일랜드인 디아스포라를 논하는 것은 '본질주의'의 함정에 빠질 수밖에 없다. 그렇게 되면 이주의 역사는 변하지 않고 내재하는 문화적 본질을 세계의 이쪽에서 저쪽으로 옮겨 심는 이야기가 되고, 디아스포라는 생물학적 운명의 형식으로 굳어질 것이다.

디아스포라 개념을 유구한 민족사 속으로 편입시키려는 여러 시도들 중에서 가장 눈에 띄는 것은, 해외 이주민들에게 적극적으로 다가서려는 여러 국가들의 노력이다. 세계화 시대에 여기저기서 민족국가의 종말이 논의되자, 일부 나라들이 경제력 강화를 목적으로 '자신들의' 디아스포라에게 손을 뻗치기 시작했다. 해외 이민자들에게 시민권이나 투표권을 제공하고, 그 대신에 정치적·경제적 지원을 받아 내는 방식은 오히려 국가주권의 확장과 맥이 닿아 있다. 그렇다면 디아스포라는 민족국가의 약화가 아니라 강화에 기여한다. 특히 중국과 인도는 이런 방식으로 민족국가를 뛰어넘는 새롭고 거대한 민족국가supernation가 될 가능성을 보여 준다.

디아스포라를 학문적인 목적으로 활용하려면 다양한 사람들을 동일시하려는 시도를 비판적으로 바라보아야 한다. 디아스포라의 여러 층위를 비교해 보는 것은 그런 경향에 대응하는 한 방법이다. 한 국가에서 이주한 사람들이라도 어디에 정착했느냐에 따라 해외에서 아주 다른 역사를 만들어 나간다. 영국이나 오스트레일리아의 아일랜드계가 미국의 아일랜드계와 같을 수 없다. 카리브 제도의 아프리카 문화는 아프리카계 미국인들의 문화와 매우 다르다. 런던의 자메이카인들은 뉴욕이나 킹스턴의 자메이카인들과 근본적으로 다른 경험을 했다. 비교 방식은 이들의 유사성만이 아니라 차이도 탐구하지만, 인구통계학적·경제적·정치적·문화적 상호작용의 역동적인 형태들을 분석하는 작업과는 잘 어울리지 않는다. 이 분석 작업은 그 무엇보다도 디아스포라의 영역이다. 이주의 역사에 접근하는 가장 좋은 방법은, 비교하는 방식과 디아스포라가 제공하는 더 넓은 틀을 결합시키는 것이다.

앞서 말한 디아스포라의 두 번째 가능성은 비교 방식을 포용하면서 넘어선다. 변화만이 아니라 상호작용을 추적하면 동질화에 치우친 유사민족주의의 분명한 대안을 제시할 수 있다. 이 방식은 사람들을 민족에 따라 분류하거나 거대 민족국가에 끼워 넣는 태도와 달리, 정체성과 특정 지역 사이의 고정된 그리고 자연적인 것으로 받아들여지던 관계를 약화시킨다. 역사적인 시간 바깥에 존재하거나 지리적 영토에 뿌리박고 있는 어떤 특징이나 내적인 본질을 민족·국가·인종이 가진다는 관념을 거부하는 강력한 '반본질주의anti-essentialist' 태도인 것이다. 이런 의미의 디아스포라는 경계를 존중하지 않는다. 문화 연구cultural studies 쪽에서 즐겨 쓰는 어투로 말하자면, 디아스포라는 뿌리roots가 아니라 길routes을 탐색한다. 근원이 아니라 이동과 관계를 강조한다. 고향과 이주지라는 단순한 이분법을 뛰어넘으면서 어디에서 왔는지보다는 어떤 방식으로 움직이고 상호작용했는지에 관심을 쏟는다.

디아스포라는 이주를 다채롭게 이해하도록 도와준다. 일반적인 정의에 따르면, 이주의 역사는 한 장소에서 다른 장소로의 이동이다. 그러나 적어도 근대 이후 이주의 역사는 민족주의와 강하게 결부되어 있어서, 자주 쓰이는 말들은 대부분 이원적인 틀에서 크게 벗어나지 못한다. 이탈과 유입, 출국과 입국, 추방과 정착 등은 통상 보내는 국가와 받아들이는 국가 간의 관계에 적용되는 말들이다. 디아스포라 개념은 상호작용과 교환의 다양한 측면들을 드러내어 이 좁은 시야를 넘어서게 한다.

역사적으로 이주는 그 무엇보다도 큰 원심력을 발휘했다. 지구 곳곳에 사람들을 흩어 놓고 언어, 종교, 문화의 경이로운 다양성을 생겨나게 했다. 최근에 들어서야 이주는 사람들을 합치고 그 이전 시기의 이주가 만들어 놓은 인공적인 경계들을 해체하는, 다시 말해 융합을 이끄는 잠재적 근원이 되기 시작했다. 아시아에서는 활발하게 국내외 이주가 벌어진 결과, 역사상 유례가 없을 만큼 급속도로 대규모의 도시화가 일어났다. 2012년 기준, 도시 인구가 1천만 명을 넘는 세계의 초거대도시megacity 열일곱 군데 중 열한 개가 아시아에 있다. 거대하고 코스모폴리탄적인 이 도시들은 디아스포라 상태에 있는 전 세계의 사람들이 머물고 방문하는 곳이다. 그러면서 이중국적 등 다양한 시민권 제도를 포함하여, 국가주권을 규정하는 새로운 양식이 생겨나고 있다. 따라서 제휴와 귀속의 새 형식들을 주목하고 파헤치려는 이들은 디아스포라 개념을 연구하지 않으면 안 될 것이다.

과거에도 그러했듯이, 디아스포라는 이주가 만들어 낸 우리 세계를 이해하는 틀을 제공한다. 디아스포라 개념은 그 자체로도 강력하지만 강력한 힘을 발휘하게 한다. 이주자나 각국 정부는 이 개념을 자기 목적에 맞춰 이용하고 이익을 챙겨 간다. 그 과정에서 학자나 학생들은 디아스포라에서 추출할 수 있는 의미를 설명하고 그 유용성을 밝혀 준다. 이 사업은 꽤 이문이 남는 일이다. 그러나 만약 어떤 집단이 특정한 목적 때문에 자신들을 디아스포라로 규정하기로 한다면, 누가 나서서 그것은 옳지 않다고 말하겠는가? 누구든 디아스포라 개념에서 각자 찾고자 하는 바를 항상 찾아낼 것이다. 다른 시대에, 다른 필요가 생기면, 어떤 집단의 구성원이건 간에 디아스포라 개념에서 원하는 바를 발견할 것이다. 이처럼 디아스포라는 문화적·정치적 동원을 이끌어 내는 강력한 도구이며, 이주자와 그 자손들이 서로 또 고국과 계속해서 관계를 만들어 나가는 한 더 강력해질 수밖에 없다.

한 미국 이주사 연구자는 '세 번째 세대의 법칙law of the third generation'을 제안했다. 이 법칙에 따르면, 이주자의 손주 세대는 이주자의 자식 세대가 잊으려고 한 것들을 기억하려고 노력한다. 이주자 세대는 자녀들(두 번째 세대)을 과거의 어두운 그림자에서 해방시키려 하지만, 세 번째 세대는 자기가 누구인지 알고자 과거를 포용하려 한다는 것이다. 이 이론은 이주자들이 자식들에게 옛날의 언어와 문화는 잊어버려도 된다고 북돋거나, 그래야 한다고 강요하는 곳에 잘 들어맞는다. 미국의 이주 역사가 그 대표적인 예이다. 빠른 의사소통 수단이 자리 잡고 유연한 시민권이 존재하는 오늘날의 환경에서, 두 번째 세대의 역할은 과거보다 훨씬 더 복잡하고 불확실하다. 그러나 자신들이 어디서 왔는지, 그래서 그들이 무엇이 되었는지 발견하고 이해하려는 사람들에게 디아스포라는 더할 나위 없는 매력을 계속 발휘할 것이다.

참고문헌

개괄 자료

Cohen, Robin. *Global Diasporas: An Introduction*. 2nd ed. New York: Routledge, 2008.

Dufoix, Stéphane. *La dispersion: Un histoire des usages du mot diaspora*. Paris: Éditions Amsterdam, 2012.

Dufoix, Stéphane. *Diasporas*. Berkeley: University of California Press, 2009.

Knott, Kim, and Seán McLoughlin, eds. *Diasporas: Concepts, Intersections, and Identities*. New York: Zed Books, 2010.

1장 What is diaspora?

Baumann, Martin. "Diaspora: Genealogies of Semantics and Transcultural Comparison." *Numen* 47.3(2000): 313-37.

Brubaker, Rogers. "The 'Diaspora' Diaspora." *Ethnic and Racial Studies* 28.1(2005): 1-19.

Clifford, James. "Diasporas." *Cultural Anthropology* 9(1994): 302-38.

Hall, Stuart. "Cultural Identity and Diaspora." In *Identity: Community, Culture, Difference*, ed. Jonathan Rutherford, 222-37. London: Lawrence and Wishart, 1990.

Safran, William. "Diasporas in Modern Societies: Myths of Homeland and Return." *Diaspora* 1(Spring 1991): 83-99.

2장 Migration

Amrith, Sunil S. *Migration and Diaspora in Modern Asia*. Cambridge: Cambridge University Press, 2010.

Brown, Judith M. *Global South Asians: Introducing the Modern Diaspora*. Cambridge: Cambridge University Press, 2006.

Gomez, Michael. *Reversing Sail: A History of the African Diaspora*. New York: Cambridge University Press, 2005.

Kenny, Kevin. "Diaspora and Camparison: The Global Irish as a Case Study." *Journal of American History* 90(June 2003): 134-62.

King, Russell, ed. *Atlas of World Migration*. Buffalo, NY: Firefly Books, 2007.

Manning, Patrick. *Migration in World History*. New York: Routledge, 2005.

Northrup, David. *Indentured Labor in the Age of Imperialism, 1834-1922*. Cambridge: Cambridge University Press, 1995.

Olson, Steve. *Mapping Human History: Genes, Race, and Our Common Origins*. Boston: Mariner Books, 2002.

3장 Connections

Gilroy, Paul. *The Black Atlantic: Modernity and Double Consciousness*. Cambridge, MA: Harvard University Press, 1993.

Gomez, Michael. *Exchanging our Country Marks: The Transformation of African Identities in the Colonial and Antebellum South*. Chapel Hill: University of North Carolina Press, 1998.

Gomez, Michael. *Reversing Sail: A History of the African Diaspora*. New York: Cambridge University Press, 2005.

Parekh, Bikhu. "Some Reflections on the Hindu Diaspora." *New Community* 20(July 1994): 603-20.

Sheffer, Gabriel. *Diaspora Politics: At Home Abroad.* New York: Cambridge University Press, 2003.

Shepperson, George. "The African Diaspora- or the African Abroad." *African Forum* 2(1996): 76-93.

4장 Return

Aviv, Caryn, and David Shneer. *New Jews: The End of the Jewish Diaspora.* New York: New York University Press, 2005.

Barrett, Leonard E. Sr. *The Rastafarians.* Twentieth anniversary ed. Boston: Beacon Press, 1997.

Boyarin, Daniel, and Jonathan Boyarin. "Diaspora: Generation and the Grounf of Jewish Identity." *Critical Inquiry* 19(Summer 1993): 693-725.

Bradley, Lloyd. *This Is Raggae Music: The Story of Jamaica's Music.* New York: Grove Press, 2001.

Gelvin, James L. *The Israel-Palestine Conflict: One Hundred Years of War.* 2d ed. New York: Cambridge University Press, 2007.

O'Brian Chang, Kevin, and Wayne Chen. *Reggae Routes: The Story of Jamaican Music.* Philadelphia, PA: Temple University Press, 1998.

Sidbury, James. *Becoming African in America: Race and Nation in the Early Black Atlantic.* New York: Oxford University Press, 2009.

Smith, Charles D. *Palestine and the Arab-Israeli Conflict: A History with Documents.* 7th ed. Boston: Bedford/St. Martin's, 2010.

Aviv, Caryn, and David Shneer. *New Jews: The End of the Jewish Diaspora*. New York: New York University Press, 2005.

Castles, Stephen, and Mark J. Miller. *The Age of Migration: International Population Movements in the Modern World*. 4th ed. London: Guildford Press, 2009.

Gitelman, Zvi. "The Decline of the Diaspora Jewish Nation: Boundaries, Content, and Jewish Identity." *Jewish Social Studies*, New Series 4(Winter, 1998): 112-32.

Koser, Khalid. *International Migration: A Very Short Introduction*. Oxford: Oxford University Press, 2007.

Tölölyan, Khachig. "Rethinking Diaspora(s): Stateless Power in the Transnational Moment." *Diaspora* 5(Spring 1996): 3-36.

찾아보기

ㄹ

ㅁ

디아스포라 이즈

2016년 12월 25일 초판 1쇄 발행

지은이 | 케빈 케니
옮긴이 | 최영석
펴낸이 | 노경인 · 김주영

펴낸곳 | 도서출판 앨피
출판등록 | 2004년 11월 23일 제2011-000087호
주소 | 우)120-842 서울시 영등포구 영등포로 5길 19(37-1 동아프라임밸리) 1202-1호
전화 | 02-336-2776 팩스 | 0505-115-0525
전자우편 | lpbook12@naver.com
홈페이지 | www.lpbook.co.kr

ISBN 979-11-87430-09-4 94300